西岸的"哈佛"
斯坦福大学

王子安◎主编

汕頭大學出版社

图书在版编目（CIP）数据

西岸的"哈佛"——斯坦福大学 / 王子安主编. -- 汕头：汕头大学出版社，2012.4（2024.1重印）
ISBN 978-7-5658-0712-1

Ⅰ. ①西… Ⅱ. ①王… Ⅲ. ①斯坦福大学－概况 Ⅳ. ①G649.712.8

中国版本图书馆CIP数据核字（2012）第069306号

西岸的"哈佛"——斯坦福大学

主　　编：	王子安
责任编辑：	胡开祥
责任技编：	黄东生
封面设计：	君阅天下
出版发行：	汕头大学出版社
	广东省汕头市汕头大学内　邮编：515063
电　　话：	0754-82904613
印　　刷：	河北浩润印刷有限公司
开　　本：	710mm×1000mm　1/16
印　　张：	11
字　　数：	80千字
版　　次：	2012年4月第1版
印　　次：	2024年1月第2次印刷
定　　价：	50.00元

ISBN 978-7-5658-0712-1

版权所有，翻版必究
如发现印装质量问题，请与承印厂联系退换

目 录

探寻历史

斯坦福之母——利兰·斯坦福 …………………………………… 3
无心造就斯坦福 ………………………………………………… 12
首任校长——乔丹 ……………………………………………… 16
硅谷之父——特曼 ……………………………………………… 21
斯坦福研究区的缔造 …………………………………………… 25
斯坦福校园的特色 ……………………………………………… 29

科技先锋

合作创业的典范 ………………………………………………… 41
新微软时代 ……………………………………………………… 45
印度的"比尔·盖茨"——普雷姆吉 …………………………… 56
商业帝国的领袖——贝瑞特 …………………………………… 62
生物化学之父——鲍林 ………………………………………… 67
重组DNA技术之父——伯格 …………………………………… 75

精英之城

欧元之父蒙代尔 …………………………………… 79
好莱坞"纯情玉女"——康纳利 ………………… 85
第一位女首席大法官——桑德拉 ………………… 90
货币主义的创始人——弗里德曼 ………………… 94

政治名人榜

危机四伏的总统——胡佛 ………………………… 101
第一位印地安血统的总统——托莱多 …………… 106
新格林斯潘时代 …………………………………… 111

巾帼英雄

好斗的"公主"——赖斯 ………………………… 121
世界第一女 CEO——卡莉 ………………………… 126

华人风采

丘成桐：他就是一个数学系 ……………………… 139
雅虎中国 …………………………………………… 148
物理学家中的"黑马"——朱棣文 ……………… 159
著名新闻人——吴惠连 …………………………… 169

探寻历史

斯坦福之母——利兰·斯坦福

  斯坦福大学是美国十大常春藤名校之一,是与哈佛、牛津齐名的世界最好的大学之一。斯坦福大学位于美国加利福尼亚州的帕拉阿图市,与旧金山相邻,乘坐汽车只需要1个小时便可到达旧金山。校园占地面积35平方公里,是美国面积第二的大学。

  讲述斯坦福大学的历史,得从他的创始人利兰·斯坦福先生说起。

斯坦福大学

  利兰·斯坦福,1824年出生于美国纽约州奥本尼城,家里经营一

走进科学的殿堂

个小农庄和一家小客栈。斯坦福年纪轻轻就带着他的新娘远赴西部打天下，38岁那年当选为加州州长，不可不说是白手起家、英年得志。然而，他更有志于开创大企业，1961年他成立了"加州中央太平洋铁道公司"，8年后完成横贯美国东西的铁路工程，也使他成为巨富。在他44岁那年——1868年，他的儿子小利兰出生了。

作为斯坦福家族所有产业、声名和财富的唯一继承人，小里蓝从小就接受了比其他同年龄孩子更完整而严格的教育，同时当然也享受到许多孩子难以想象的优裕生活：比如骑着他的小马或脚踏车奔驰在帕洛阿图数千英亩的庄园牧场里；拥有一套400英尺长的铁道和火车模型；经常漫游欧洲名城、观赏古迹、搜购艺术珍品……直到1884年3月，他在意大利佛罗伦萨城一病不起。

斯坦福大学教堂

西岸的"哈佛"——斯坦福大学

小利兰病了三个星期后在一个清晨离开了人世。他的父亲斯坦福先生在极度的身心交瘁中睡着了，恍惚中见到儿子出现在面前对他说了一番话。后来他只记得其中几句，大意是要父亲"不必对生命绝望，而应为人们做些事"。斯坦福先生醒过来对他妻子珍说的第一句话便是："加州的孩子们将会是我俩的孩子。"这句话后来成为斯坦福建校的历史性名言。

斯坦福先生和珍怀着巨大的悲痛从欧洲乘船返美，在东岸登陆后却并不直接回家，而是先去访问东部几所名校——康奈尔、耶鲁、哈佛和麻省理工学院。在与哈佛大学校长长谈之后，他俩心目中已有了大学的雏形。回到不再有孩子音容笑貌的帕洛阿图家中，夫妻俩便开始为这所纪念他儿子的学校付出财产、土地与心血。

利兰·斯坦福决定要创建一所非传统的、男女合校的、不受宗教派别影响的新型大学，他不打算仿照美国东部的几所名牌大学的模式，"我东部的朋友们写推荐信要年青人来找我，但最派不上用处的就是那些学院出身的青年。受过技术教育的青年未必是成功的实业家。为了人生的成功必须培养和发展创造力，一个人如果不会创造，他也就不会建设。我认为人文科学对提高人的心智和实业能力特别重要"。斯坦福先生在1885年11月签订了新办大学的原则，这个原则后来被认为是斯坦福大学的"宪章"。他认为高等教育的原则应是使学生"受到人道和文明的熏陶，明晓法律约束下自由的可贵，懂得热爱和尊重人生而享有生存、自由和寻求幸福权利的神圣原则，从而推进公众福祉"。

斯坦福将他开采加利福尼亚金矿46年和建造横跨美国东西部铁路的积蓄以及他在旧金山的8180英亩农场土地用来创建斯坦福大学。1886年，他开始建筑规划设计。这时，利兰迈入他政治生涯的另一高峰——当选为国会参议员。这同时也是他对世界的一个告白：证明他未

走进科学的殿堂

被最沉重的丧子之痛击倒。参议员的职位需要斯坦福先生长年驻留华盛顿，于是建校的大部分责任落在珍的肩上。她聘请了当时名声最卓著的建筑师、纽约中央公园的设计者来绘制学校蓝图。斯坦福大学校园中央那罗马风格的四方形红砖建筑群便是百年前这位大师的手笔，康奈尔大学校长曾赞美那是"全国最美丽的大学建筑"。这美丽的校园和谐地铺展在帕洛阿图葱翠的牧场草原和小山丘上，与壮丽的旧金山海湾遥相呼应。

探寻历史

康奈尔大学图片

珍是个性格坚毅的女子，写她传记的人称她具有"铁的意志"。从照片中看她容貌毫不出色，表情总是冷静肃穆——只有一帧例外：当6岁的儿子撒娇地斜靠在她肩上时，做母亲的神色温柔愉悦，那是她唯一带有笑容的照片。受过良好教育的珍也是一位观念开明的女性（美国妇女参政权倡导者苏珊·安东尼与她是好友），把斯坦福大学建为一所兼

西岸的"哈佛"——斯坦福大学

容并蓄、不限制性别、种族、宗教的开放学府，一般都认为是珍的主张，而这在100年前的美国是非常前进的。斯坦福大学的箴言是16世纪德国自由斗士玛赫顿的诗句："自由之风吹拂"。

1887年5月14日，斯坦福大学举行奠基仪式。珍站在斯坦福先生身边，注视校址第一块基石奠定，泪流满颊，但自始至终她把头都抬得高高的。

校舍建筑进度比预期的缓慢，经过五年规划和建设，一座座带长廊的四方形建筑开始出现在"农场"的绿地上。

1891年10月1日大学揭幕，首任校长乔丹这样描述了斯坦福大学建筑的特色："黄色的砂岩拱门和回廊，蔚蓝色天空下的红色屋顶，构成难以忘怀的图画，这本身就是斯坦福教育的一部分。"

斯坦福大学图片

走进科学的殿堂

纽约的报纸曾预言没有人会到当时还是蛮荒之地的西部上这所大学："教授们将在大理石教室里面对空板凳讲课。"但大学揭幕之日，意想不到的人流涌向开幕式会场，预计有250个新生，实际上却有465个新生注册，其中2/3来自加州以外。开学大典有两千人参加，礼台上坐着斯坦福夫妇、首任校长乔丹博士和贵宾们。后上方则悬挂着小利兰的油画像，是从他生前最后一帧照片描摹下来的。照片中以手支颐的小利兰是个瘦高俊秀的15岁少年，而礼台上肖像油画却把他画得略显年长成熟，像是要使他看来更接近若还在世的年龄——早该是大学毕业的年龄了。当天，珍准备了一篇演讲稿，却临时改变主意没有致词，据说是她担心自己会控制不了情绪而激动失态。

乔丹校长在开学仪式上说："我们，作为教师和学生，在本大学的第一年，要奠定一种基础，使之能随着人类文明的延续而永在……它不为传统所禁锢，不为外物所阻碍，它一往无前"；"我们要把受过教育的人的无价之宝传给学生，把获得真理的力量传给学生。"斯坦福大学第一届男女学生为559人，分17个系，第二年就扩展为29个系。从开办之日起，斯坦福大学就像 Johns Hopkins 和 Cornell 大学一样，采用德国的模式，在教学的同时突出研究，在办本科的同时强调研究生培养。首届学生中就出

胡佛

探寻历史

8

西岸的"哈佛"——斯坦福大学

了一位总统——胡佛,他是采矿专业毕业,为美国第31届总统。一年多以后,斯坦福大学基金会正式成立。

学校成立之后并非一帆风顺。当时正值全国性的不景气,没有收入的新学校(斯大在建校初期是免费的)一直承受着很大的经济压力。1893年6月,老利兰在睡眠中溘然长逝。斯坦福先生去世后,斯坦福夫人在校园建立了一座纪念教堂,教堂正以4幅代表love(爱)、hope(希望)、faith(信义)、charity(博爱)的精美而感人的壁画寄托了她对斯坦福先生心灵的追思和怀念。

利兰·斯坦福先生去世后,给孤零零的珍留下一所脆弱飘摇的大学和一批被州政府扣留检验的资产。祸不单行,全国性的金融危机接踵而至。她的顾问们劝她暂时停办斯坦福大学,或者将学校关掉变卖校产,更多的人预估她根本熬不过这个难关。

经过两个星期的闭门思考,珍召见乔丹校长,告诉他,她不打算停办学校。高大的校长跪在她面前吻她的手,他们一起到学校应付危机。经费被紧缩,停止聘用新员工。斯坦福从开办起就免收学费,在这样艰难的情况下,他们仍然不改对学生的承诺(直至1930年起才收120美元)。经过他们的努力,扭转了斯坦福大学要被迫关门的命运。

正以为可以喘一口气的当儿,联邦政府忽然宣布要扣押校产,因为"中央太平洋铁道公司"与政府之间有一笔巨额贷款没有弄清楚。之后的两年间,珍为学校的命运再度焦头烂额,奔走于加州与华盛顿之间,为学校的前途向各方人士包括克利夫兰总统请命。最后总算在1896年3月小利兰忌日的前几天,最高法院判决校方胜诉,政府无权扣押校产。当时正下着倾盆大雨,但斯坦福校园却出现了盛大的庆祝欢呼游行。后来铁道公司的资产问题也解决了,珍便将自己名下的股份脱手所得的1000余万美元悉数投入学校基金。乔登校长在回忆这段长达6年的艰苦历程时说过:"学校当时真是命悬一线——那一线便是一位好女子的

探寻历史

爱心。"其实也许可以说是一个母亲的爱心吧。对于珍来说，这所学校是她的儿子在这世间给人们存留的唯一记忆，也是她与亡夫共同拥有的一分最宝贵的记忆象征。

夏威夷风光

珍75岁那年，也是她的丈夫去世后10年，学校一切都上了轨道，蒸蒸日上。珍对学校的前途有了充分信心，便宣布放弃她作为建校者的权益，不再掌管校务而只过问学术方面的事宜。她给校董事会的赠言是："勿泥古不化，应勇于创新。"这时她方才有了使命完成的轻松之感，大部分时光都用在游览散心休养。在世界各地她旅居所到之处几乎都有校友热忱接待，使她十分安慰。1905年，珍以77岁高龄逝于夏威夷旅馆。

珍的葬礼就在斯坦福大学的纪念教堂举行——那是珍为纪念她的

西岸的"哈佛"——斯坦福大学

丈夫而建的教堂，以精美镶嵌壁画闻名。她也早已在学校植物园里建好了一家人的陵墓，在儿子逝去21年、丈夫逝去12年之后，这位"好女子"——一个母亲、妻子，终于与她的亲人长眠在一处了。斯坦福家的陵墓掩映在校园一处幽静的参天浓荫中，是一间希腊式大理石建筑，前后备有两匹大理石雕的人首狮身斯芬克斯镇守。墓门上方只简单地刻了三个名字：利兰·斯坦福、珍·L·斯坦福、小利兰·斯坦福。

斯坦福大学校园风光

这一家当然没有后人，珍也始终不收养孩子，不指定继承人。他们的资产便是学校的基金，由基金会全权负责。建校之初，他俩便在校章上斩钉截铁申明："斯坦福校址的土地永不出售。"所以一百年来在这寸土寸金的帕洛阿图地区，斯大校园的土地只有出租，始终没有缩小过。这8000多英亩的美丽绿原温柔地绵延起伏，像一个母亲的胸膛，滋养着她的"加州的孩子们"。

走进科学的殿堂

无心造就斯坦福

1884年，一对衣着简陋、名叫斯坦福的夫妇坐火车去了波士顿。他们到了目的地后，就直接找到哈佛大学。当这对夫妇怯生生地走进校长接待室，穿着破旧手织套装的斯坦福先生轻声地对校长秘书说："对不起，我们没有预约。但是，我们想见校长。"

校长秘书眉头一皱："噢，校长，他整天都很忙。"

斯坦福大学校园风光

西岸的"哈佛"——斯坦福大学

"没关系，我们可以等他。"穿着褪色方格棉布衣的妻子微笑着说。

几个小时过去了，秘书没再答理他们。秘书不明白这对看似乡下来的夫妇和哈佛大学有什么关系，她希望他们气馁，然后自动离开。可看来他们丝毫没有要走的意思，尽管不太情愿，秘书还是决定去打扰一下艾略特校长。

"可能，他们只需要见您几分钟。"秘书对校长说。

艾略特校长的确很忙，也不太愿意将太多的时间花费在那些他看来无关紧要的人身上。但还是点头同意会见他们的客人。

一见面，斯坦福女士就告诉艾略特校长："我们的儿子进入哈佛一年了，他爱哈佛大学。他在这里很快乐。"

哈佛大学风光

"夫人，谢谢您的儿子爱哈佛大学。您知道，哈佛大学的学生都爱

哈佛大学。"艾略特校长说。

"可是在一年前,他意外地死了。"

"噢,真是个不幸,夫人。"

"我丈夫和我想在学校的某个地方为他竖立一个纪念物。"

艾略特校长被这个想法感动了,但他说:"非常遗憾,夫人!您知道,我们不可能为每一个进入哈佛大学死去的人竖立纪念物。如果这么做,这哈佛大学不就成为公墓了吗?"

"噢,对不起,先生!"女士赶紧解释,"我们并不想要竖立一尊雕像。我们只是想说,我们愿给哈佛大学建座楼。"

校长的目光落在这对夫妇粗糙简陋的着装上,惊叫道:"一栋楼!你们知道事实上修建一栋楼要花费多少钱?哈佛大学种植的植物,价值就超过750万美元!"

哈佛大学风光

西岸的"哈佛"——斯坦福大学

斯坦福女士沉默了。此时的艾略特校长也松了口气，因为他终于可以和这夫妇俩说再见，而忙别的事情去了。

此时，斯坦福太太转过身平静地对她的丈夫说："亲爱的，这笔耗费不是可以另开一所大学吗？为什么我们不建立一所自己的学校呢？"

面对艾略特校长的一脸疑惑，她丈夫坦然地点了点头。

这对夫妇走了，他们远离美国东岸，去了西部的加利福尼亚州。在那里他们建立了以自己名字命名的大学——斯坦福大学！

这两所大学的地理位置正好处于美国一东一西，哈佛成立于殖民时期的1636年，历史悠久，沉积深厚；斯坦福则成立于1891年，年岁"幼稚"，功底尚浅。哈佛建校的年代是神学观念盛行的时代，因而哈佛主要是为了培养和造就"上帝的仆人"——神职人员而建立。斯坦福则不同，它的建校年代正是美国西部开发、工业革命蓬勃向前发展的时期，因而当时人们关注的中心不是灵魂的拯救，而是人类文化知识和现代科学技术的传授。因此，同是享誉世界的名牌私立大学，哈佛和斯坦福在建校目的上存在着巨大的差别。

斯坦福大学成为美国最著名的学府之一，由于其声誉和水平与哈佛不相上下，所以它又有"美国西部哈佛"之称。事实上艾略特校长可能没有想到，离他而去的斯坦福先生不是一般的人，而是一位拥有大量铁路的铁路大亨，是一位超级富翁。让艾略特校长始料不及的是，这对夫妇后来用其姓名命名的斯坦福大学会与哈佛大学并驾齐驱，成为美国首屈一指的名校。人不可貌相，本来无心建立哈佛，却因为艾略特一时的大意而成就了斯坦福。

走进科学的殿堂

首任校长——乔丹

斯坦福大学首任校长戴维·斯塔尔·乔丹是康奈尔大学的硕士毕业生。

在斯坦福大学开学之前，斯坦福夫妇便全力去寻访一位值得信赖和

印第安纳大学

委以重托的校长。当时康乃尔大学校长怀特郑重地向他们推荐了他从前一个学生乔丹——当时在印第安纳大学任职,是国内科学界的知名人士,有着绝妙的文学表达能力,卓越的组织才能,听觉非常灵敏。

求贤若渴的斯氏夫妇闻讯后,当晚就乘坐火车赶到布鲁明顿去访贤。他们与乔丹一见如故,乔丹对斯坦福的印象极好。颇有雄心壮志的乔丹夫妇对于在有"开拓先驱"之称的加州创办一所新型大学很感兴趣,当天就同意就任。他说:斯坦福的设想是如此诱人,他同我的气质是如此相投,以致我无法谢绝他们夫妇的邀请。在这次会面之后,斯坦福本人回加利福尼亚告诉记者说:"我并非找不到一位更有名望的教育家,但从我心底里愿意物色一位年轻的校长,让他与学校一起成熟起来。"乔丹受命于1891年3月底,离预定的开学日期(10月1日)只有半年,时间是十分紧迫的,幸好他是一个说干就干的人。担任印第安纳大学校长的经验,也使他懂得在千头万绪中从何下手,在受命的当天他就任命了一名教授。他充分估计,那些在东部地位稳固、待遇优厚的知名学者是不愿意到西部来艰苦创业的,他把目光转向那些有发展前途的年轻学者。他聘请的第一批教师,没有一个年岁比他(当时40岁)大,多数是30岁左右的人。斯坦福本人选定的首批教职员人数为15名,乔丹作了一点小的变动,即不把工作人员计算在这个编制之内。6月1日,教职工聘任就绪,首届新生安顿好之后,乔丹抓紧增聘教师,第二年的教师人数增加到49名。这些教师与乔丹校长及斯坦福夫人风雨同舟,经历了斯坦福逝世造成的困境和1906年地震带来的灾难,其中不少人在斯坦福大学工作了30年以上,一直到退休为止。这些人不但在自己的学术领域里出了名,而且他们的榜样成了大学选用人材的活标准。

1891年10、月1日,斯坦福大学正式开课。首任校长乔丹向师生和来宾发表了激动人心的演说:"我们师生在这第一学年的任务,是为

走进科学的殿堂

一所将与人类文明共存的学校奠定基础。这所学校绝不会因袭任何传统，无论任何人都无法挡住她的去路，她的目标全部是指向前方的。"

乔丹担任斯坦福大学校长 22 年（1891—1913 年），他是引导斯坦福大学走向学术辉煌的大教育家。

斯坦福大学校园风光

身体魁伟、待人友善的乔丹是一位杰出的鱼类学家，颇受当时科学界泰斗之一的阿加西（动物学家和地质学家）的赏识。每当新的鱼种从边远地方送到斯大的生态实验室时，乔丹立即赶到，像军官检阅士兵一样，准确无误地把"新兵"——新的鱼种喊出队列。乔丹与斯坦福夫人在工作上是配合默契的，但他们之间也有过分歧。夫人决心在有生之年实现丈夫的建校蓝图，把有限的资金多用于基建。乔丹则希望改善教授们的生活和工作条件，以保证学校的教学质量。1898年，在斯坦福遗产风波平息以后，乔丹希望把在那"难熬的 6 年"里克扣的工资补还给大家，并尽快实现他构思已久的新教学计划。他把

西岸的"哈佛"——斯坦福大学

忙于基建的年代称作"石器时代",这很可能是一个双关语,"石器"在字义上可指石砌的房子,也可以暗喻为斯大发展进程缓慢,夫人对这个说法很反感。她临终前为图书馆的奠基仪式所写的书在致辞还说:她同意"当前最需要的是书本",但"我最迫切的愿望是多活几

斯坦福大学校园风光

年,以便给你们年轻的学生们提供一切必要的校舍,因为这是学校创始人早就计划好了的。近来'石器时代'一词常有所闻,它无疑是某些人恼怒和厌烦的证明。但对我来说,把这些石头房子垒起来有着深刻而重要的意义"。1906年的地震使大学受到严重的损失。在这个困难的时刻,乔丹收到一封信,邀请他去主持史密生博物馆的工作。这是乔丹向往已久的职务,但他不忍丢弃在废墟和瓦砾中的斯坦福校园,于是婉言谢绝了博物馆的邀请。他表示,他将与斯坦福大学共存,无论是阳光灿烂,还是乌云笼罩。乔丹虽然谢绝了斯密生博物馆

的邀请，但社会活动仍然越来越多，他为世界和平而奔走，不得不经常离职去参加国内外的一些活动。1913年，在校董会成员胡佛的倡议下，校董会任命乔丹为名誉校长，从而结束了他任期22年的斯大校长生涯。在任职期间，他为斯坦福大学奠定了发展的基础，使这所新生的大学度过它光辉与暗淡兼有的创业年代。

西岸的"哈佛"——斯坦福大学

硅谷之父——特曼

弗雷德·特曼，1900年6月7日出生在美国，斯坦福大学前副校长，电子革命之父，名正言顺的硅谷之父，1982年12月19日去世。

特曼从小就在斯坦福校园长大。小时候，他体弱多病，时常在家休养。养病之余，开始摆弄电气小玩意，这使他成了业余无线电爱好者。在帕洛阿托读完中学，特曼顺理成章地进了斯坦福大学。当时他认为化学是科学的皇后，就进了化学系。1920年，他获得斯坦福大学化学系学士学位，毕业后去了该市最吸引人的公司——联邦电报公司工作。不久后他又考入斯坦福电子工程系，攻读硕士学位，并于1922年获得斯坦福大学电气工程硕士学位。

接着特曼又到麻省理工学院攻读博士学位，他的指导老师就是大名鼎鼎的万尼瓦尔·布什。布什是模拟计算机的发明者，这位恩师对特曼的最大影响就是：大学应成为研究与开发的中心，

弗雷德·特曼

走进科学的殿堂

而不是搞纯学术的象牙塔。1924年，特曼获得麻省理工学院博士学位。

1924年，他正式执教之前，回斯坦福探亲，不幸染上肺结核，不得不在床上躺了一年。由于气候阴冷的波士顿不适宜他的身体，因此麻省的教授梦终成泡影。他留了下来，成了斯坦福大学的一位"无线电工程学"教授。

特曼为人谦逊，说话低声细语。正是这种品质，使他成为一位卓越的老师。学生们都说，特曼可能不是伟大的发明家，但确是天生的教学高手。新颖艰涩的理论，在他嘴里总能化为深入浅出的连珠妙语，连理解力迟钝的学生都能透彻接受。他写的《无线电原理》，曾被许多院校列为电气必修教科书。

特曼着手创办电子通讯实验室。特曼似乎具有非凡的能力，能在他的学生中激起对电子改变世界的近乎宗教般的信仰。在他作为通讯实验

弗雷德·特曼（右）

室主任期间（1924—1945年），许多聪明过人具有科学头脑的年轻人，

西岸的"哈佛"——斯坦福大学

都把进这个实验室视为职业的第一选择。直到二战结束，特曼被提升为系主任之前，他的通讯实验室一直是美国西海岸技术革命的中心，也为日后高科技的领导人们提供了必需的实习地。

20世纪20年代末，特曼的实验室开始改变圣克拉拉谷的模样。崭新的楼房平地冒起，迎来新的客人。特曼形容这些年轻人为"电子迷，对真空管、半导体、计算机的兴趣就像对姑娘的兴趣一样"。

1931年，两名斯坦福大学二年级学生——戴维·帕卡德和威廉·休利特成了好朋友。他们对业余无线电广播的兴趣，使他们选修了特曼开设的电气工程课程。特曼知道他们毕业后准备开办自己的电子企业，他鼓励这种创业精神。1934年两人毕业，四年后，特曼为他们安排了奖学金，使他们重返斯坦福继续深造，他们选修了特曼开设的许多电子课程。休利特的硕士论文是《可变频率振荡器的研究》，特曼鼓励两人把它变成产品。特曼借给他们538美元，以便开始生产，并帮助他们从帕洛阿托银行得到1000美元的贷款。1938年，两人在帕洛阿尔托镇爱迪生大街367号的一间车库里，开始研制电子产品。这间车库在1989年被加利福尼亚当局定为历史文物和"硅谷诞生地"。

对他的两位高徒，特曼说："你把他们放在任何新环境，他们都会迅速掌握必需的东西，而且达到高超的水平。所以当他们开始搞学业时，他们无须什么教师指点，而是一边干一边学会需要掌握的东西。他们学习的速度总比问题冒出来的速度更快"。正是凭着这种特殊才能，使HP迅速崛起。

位于加利福尼亚州旧金山到圣何塞之间长30英里、宽10英里的硅谷，属于圣塔克莱拉县，刚好夹在旧金山和圣何塞两个城市之间。它原是成片的果园，素有"美国梅脯之都"的美称。在20年前，它并没有名字，当人们提到它时，常用的是非常拗口的名字：西海岸的电子工业、帕洛阿尔托或圣克拉拉谷。直到1971年，才由《微电子新闻》的编辑唐·霍夫勒给它起了个正式名字——硅谷。

硅谷风光

关于硅谷的崛起一直有许多种说法。有人将"硅谷之父"的帽子戴到 HP 创始人休利特和帕卡德头上，因为 HP 不但是硅谷最大的电子公司，而且也是硅谷创业的源头。但他们本人万万不会接受这顶桂冠，而会毕恭毕敬地把它递给一位德高望重的老前辈——费雷德里克·特曼，特曼才是名正言顺的硅谷之父，因为他也是 HP 的"父亲"。正是特曼异常的远见和智慧，规划并造就了今日的硅谷。

西岸的"哈佛"——斯坦福大学

斯坦福研究区的缔造

20世纪40年代后期,斯坦福大学面临着一个重大问题:怎样使大学的土地产生效益,以便用这些收入聘请一流教授,提升学校学术声望,并向世界一流迈进?这个重任落到了刚刚被提升为副校长的特曼肩上。

二战后特曼教授回到斯坦福大学,他深感到二战期间电子学应用的飞速发展,尤其是电脑的研制更是势不可挡。于是建议校方要进一步加强同当地电子产业界的联系,以斯坦福大学为依托,联合惠普等一批公司,把美国西部的电子产业带动起来。

特曼想到了校园"下海",但当初捐赠土地有规定,土地一点都不能出售。特曼与校长斯特林商定,利用斯坦福的土地,建立一个高技术工业区。1951年,在他的推动下,斯坦福大学把靠近帕洛阿尔托的部分校园地皮约579英亩,划出来成立了一个斯坦福

惠普logo

探寻历史

走进科学的殿堂

工业园区，兴建研究所、实验室、办公写字楼等，这样，世界上第一个高校工业区诞生了。通过土地出租，"斯坦福的目的很简单，那就是给学校赚钱"。到了后来，工业区改名为研究区，成为把技术从大学的实验室转让给区内各公司的一种手段。

功夫不负有心人。到1955年，已有7家公司在研究区设厂，1960年增加到32家，1970年达到70家。到1980年，整个研究区的土地全部租完，有90家公司的25万名员工入主其中。这些公司一般都是电子工业中的高技术公司，因为那是特曼私人关系最多的领域，也是他认为最具潜力的领域。特曼认为这个领域并未很好地组织起来，而他的任务就是穿针引线。

当时在大学附近建立工业区的主张是非常新鲜的事。第一个前来租地设厂的是瓦里安公司，这是一家由斯坦福分离出去的公司，特曼是它的董事会成员。1954年，HP在斯坦福研究区承租了一块土地，该区就成了硅谷的中心地带，HP成了特曼的最佳广告。当某公司的人前来查看研究区的情况，特曼就会请他们"去找帕卡德或休利特谈谈吧，他们会告诉你靠近斯坦福大学设厂的种种好处"。

惠普电脑

斯坦福研究区成了美国和全世界纷起效尤的高技术产业区楷模。斯坦福工业园区奠定了"硅谷"电子产业的基础。而研究区带来的租金，也为斯坦福大学的发展提供了财力。其中预付的租金总数超过1800万美元，相当于当年斯坦福1885年向大学捐赠的数目。1981年，土地出

探寻历史

西岸的"哈佛"——斯坦福大学

租的年收入约为600万美元,而且这种收入的使用不受任何限制,使特曼可以用重金聘请名家名流充实教师队伍。他用这笔可观的收入设立了"战斗基金",用来挽留和聘名流教授,并为斯坦福之星制定计划,实施他的"人材尖子"战略。

特曼认为:"一个大学学术声望的高低,要看它是否有一批学术水平很高而人数不多的人材尖子,而不是靠它的学术水平普遍较高,但没有拔尖的人"。这种尖子"是一小撮各自在某狭小领域十分精通的人材,他们的学术水平之高能被举世公认,并且他们研究的是一些重要的学科领域"。

斯坦福大学校园风光

特曼创办世界一流大学的构想,随着斯坦福研究区的崛起而如愿以偿。而特曼教授把斯坦福推向高技术产业的同时,又做出另一项令人惊叹的事情。起初,他还是机电系主任时,就有工业园区内的公司提出他们的雇员能否到学校来学习。当时朝鲜战争刚结束,许多士兵和军官复

走进科学的殿堂

员去公司,又想继续他们被战争中断的学业。特曼教授提出一个方案:让这些公司雇员到斯坦福大学读研究生,像正式在校生一样学习,费用由公司负责。这种公司和大学联合培养的方法大受欢迎,像通用电器、惠普等公司还和斯坦福大学建立了长期的员工培养合作关系。

　　1982年,特曼去世。各家新闻社都向世界各地播发了讣告,称赞他为电子革命之父。特曼大楼的建造也向大家保证,这位老教授对电子工程学和硅谷的贡献将流芳百世。

探寻历史

西岸的"哈佛"——斯坦福大学

斯坦福校园的特色

斯坦福大学在美国名校中算是后起之秀，但多年来在权威的《美国新闻与世界报导》最佳大学排行榜上一直蝉联第四和第五名。它的录取率为20%左右，丝毫不输给东北部的"老大哥"们。1988年，斯坦福

斯坦福大学一景

大学不仅理、工、商、教育学院均排名第一，总排名也一跃而居榜首，

探寻历史

走进科学的殿堂

把哈佛也挤了下去,一时震动美国。另一项最近官方统计表明,斯坦福大学应届毕业生的年平均收入高居全美大学之冠。

当斯坦福大学的学生们被问起来的时候,倒也并不自认为比东部那些大学好,但认为斯坦福大学与其他大学就是"不太一样"。

校园风格的"不一样"

在斯坦福大学校园里,所有的楼房都是黄砖红瓦,四平八稳,一律是17世纪西班牙的传道堂式——没有哈佛、耶鲁大学那些年代不同、风格各异的楼房,更少了东北部大学墙壁上爬满的常春藤。因为设计斯坦福校园的,正是著名设计家弗莱德里克·欧姆斯泰德。著名的艾姆赫

耶鲁大学风光

西岸的"哈佛"——斯坦福大学

斯特学院也是他设计的，而他最为人称道的传世之作，是纽约曼哈顿的中央公园、旧金山的金门公园。他的特色是自然森林式设计，加上自由曲线的道路。可是斯坦福却没有这样的特色，给人印象深刻的却是毫无自然意味、显示人工规模的好几公里的椰子树大道。

阳光灿烂的开阔草地

斯坦福大学的特别之处还有气候的不一样。达特茅斯学院、康奈尔大学每年冬天令学生们苦不堪言的严寒、冰冻和漫天飞雪，这是在斯坦福的大学生们从未见过的。他们的四周只有笔直的棕榈树和从不远的旧金山海湾上吹来的微风。在斯坦福的校园里，一年四季都可以穿着短裤跑步，或是在开阔的草地上带着墨镜晒太阳，斯坦福的学生每人都有古

麻省理工学院一景

铜色的皮肤。

说到"开阔的草地",真是名不虚传,斯坦福大学的草地,是美国私立名校中最开阔的地之一。1885年11月,加州铁路大王、曾担任过加州州长的老利兰·斯坦福,为了纪念他头一年的意大利游历时染上热病、15岁就早逝的儿子,而决定捐钱成立斯坦福大学时,他把自己8180英亩用来培训优种赛马的柏洛·阿托农场拿出来,作为学校的校园,因此一直到现在还有人称斯坦福为"农场"。想想看,8180英亩!比起只有175英亩的耶鲁,146英亩的麻省理工学院和140英亩的布朗真是微不足道,还赶不上斯坦福的一个零头!在斯坦福,自行车算是学生的必备品。

充满青春活力的大学

探寻历史

斯坦福大学最"不一样"的地方,是它没有像哈佛、耶鲁一样悠久的历史。这所1891年10月1日正式开放招生,年纪刚刚过110多岁的大学,比起东部那些建校300来年的大学来,真像一个充满了青春活力,情绪高昂的少年。它没有沉重的过去,没有岁月在它脸上刻下的沧桑,也少了一点承上启下的历史使命感。斯坦福有的是机会和可能性,有的是年轻人取之不尽、用之不竭的朝气,有对未来的憧憬和信心。

的确,耶鲁、哈佛大学校园内处处可见欧洲古老学府的影子。在那个年代里,人们动不动就要拿英国、德国的老牌大学来作为参照,要它们"萧规曹随"。但在斯坦福大学进而却找不到这样的痕迹,这是完全美国牌号的大学。遥想100多年前斯坦福大学刚建成时,身处美国向西开拓的前沿,面对着广阔而充满神秘感与可能性的太平洋,它成为探险者的一个象征,它不再尾随过去,而是面朝将来。

这或许并不是斯坦福先生办学的初衷,他当时一心要对东部的大学

西岸的"哈佛"——斯坦福大学

亦步亦趋。斯坦福访问了东部的常春藤盟校,请麻省理工学院院长当顾问,又派人到欧洲大学考察,就连欧姆斯泰德先生都是由麻省理工学院院长推荐的。他当时曾一心想把康乃尔大学校长请来主政,不过被婉拒。因为据说,斯坦福先生免不了有当时暴发户的特征,其性格是知识分子敬而远之的。

腾飞的斯坦福

斯坦福的腾飞,是在建校70年之后的事,恐怕这还得归功于斯坦福的"大"。8000多英亩的面积,学校怎么样用也用不完,于是1959年工学院院长特曼提出了一个构想——这便是斯坦福大学的转折点:将1000英亩的土地以极低廉、只具象征性的地租,长期租给工商业界或毕业校友设立公司,再由他们与学校合作,提供各种研究项

斯坦福大学校园风光

走进科学的殿堂

目和学生实习机会。斯坦福成为美国首家在校园内成立"工业园区"的大学。

得益于这个建议,斯坦福使自己置身于美国的前沿:"工业园区"内企业一家接一家地开张,不久就超出斯坦福能提供的土地范围,向外发展扩张,形成美国加州科技尖端、精英云集的"硅谷"。斯坦福大学被科技集团与企业重重包围,与高科技、与商界、更与实用主义和开拓精神这些典型的"美国精神"建立了密切的联系。随着美国西海岸"高科技带"的呼啸而起,各个电脑公司,包括"世纪宠儿"微软公司纷纷在这一线安营扎寨,斯坦福大学的地位越来越举足轻重。而随着美国经济重心逐渐向太平洋沿岸地区倾斜,美国社会、文化格局也在发生微妙的变化:美国的西海岸,这个充斥着亚洲和中南美洲移民的地区,越来越成为美国21世纪最有希望的地区。

探寻历史

充满自信的表情

斯坦福的学生像他们的学校一样。这里少有愤世嫉俗、睿智成熟的思想家,这里也似乎少了些一般名校都有的一种思考的气氛和紧张的竞争。这里常见的是一种"预科"的态度,到处可见的是一批优秀的"全才"。他们在各方面都十分成功,每个人都有光明的未来。但最主要的是,他们好像成功得不费吹灰之力,脸上最常见、最典型的表情,是自信而又放松。"竞争当然也是有的,"一个学生说,"但一般来说,重要的是能做到我们力所能及,而不看其他人的表现如何。"

由于经费充足,斯坦福的教学设备极为充裕,电脑简直用不完,只要硅谷有人出新产品就会送给母校"试用",而且出手大方,一次送20台,每台价值上万美元的是常事。在许多州立大学因为经费限制,学生还得花钱买讲义时,斯坦福大学的有线电视在多年前就已经接到了学生

宿舍，万一清晨睡懒觉误了上课，只要把录影机定时到老师上课时间，

斯坦福大学校园风光

就会自动录好上课实况，斯坦福大学的学生为此可得意了！

强大的教授阵容

斯坦福大学教授不少，比如1997年诺贝尔物理奖获得者、获得五次诺贝尔奖之一的华裔朱棣文，就是斯坦福大学的教授。他发明了一种技术，有效地降低了电子的运行速度，"用蜜糖黏住它们"。

学校以优厚条件吸引一流师资前来。校方常常举出的一个事例，是哥伦比亚大学一位教统计学教了16年好不容易爬上系主任宝座的教授，宁愿到斯坦福大学来当一般教授。现在一个副教授职位空缺，百人应征情形绝非仅见。

根据1995年的资料，斯坦福大学1300多位教授中，有10位诺贝

走进科学的殿堂

尔将得主，五位普利策奖得主，142位美国艺术科学院院士，84位国家科学院院士，14位国家科学奖得主。

教授们一般对学生很友好，师生关系不错，不过，学生们仍有抱怨：许多低级的入门课，主要是由助教来授课。斯坦福的师资雄厚，图书馆藏书650万册。更值得夸耀的是，1991年，在它庆祝百岁生日之时，它也达到了美国大学中有史以来第一个"十亿元校友捐助"的目标，引得东部的学校纷纷效仿。今天的斯坦福有着24亿美元的校友捐助。

别开生面的学制

斯坦福大学另外的"与众不同"，是它不像一般的大学，每年有两个学期。在斯坦福的校规中，把一年分成四个季度，学生们每段都要选

斯坦福大学校园风光

西岸的"哈佛"——斯坦福大学

不同的课，这样，比那些两学期制大学的学生们学的课程要多。不过，这导致了每一季度的节奏都紧凑得让人喘不过气来，学生们好像一天到晚不是在预备中考就是在预备期末考试。这也导致了斯坦福大学与其他学校的时间表对应不上——别人早在5月中、上旬就开始了暑假，而斯坦福的学生要等到6月下旬才能开始度假。不过，他们可以比别人晚几个星期才入学。

完全自由的校园

"自由之风永远吹拂"是斯坦福大学的校训，校长亨尼斯解释，校训的含义就是鼓励和保证学生和教员能自由无阻地从事教学和相关的学科研究。

斯坦福大学校园一景

走进科学的殿堂

斯坦福大学有一个充满自由风格的校规——"停下",学生可以随时暂时休学一年,然后回来接着读。斯坦福大学的这种校规,是因为校方相信不一定要把本科的教育四年一口气读完,他们鼓励学生在校外多体验与享受人生,也给学生们提供种类繁多的留学机会,到日本、英国、德国、法国、意大利……这说明斯坦福大学淡化功利性追求。斯坦福大学反对"狂热追求学位",因为"只有大学才能从事人文科学等基础研究,它应该注重培养学生的社会责任感"。在斯坦福大学中,任何专业的学生都必须在9个领域完成必修课,其中包括文化与思想、自然科学、科技与实用科学、文学和艺术、哲学、社会科学和宗教思想等。

探寻历史

科技先锋

合作创业的典范

惠普公司（HP）是以它的创始人休利特（Hewlett）和帕卡德（Packard）名字的第一个字母作为公司的名称。20世纪80年代后期起，它稳居美国计算机产业的第二名，只是在康柏兼并DEC后才略被超过。它原先只是一般的制造电子设备的公司，20世纪50年代以后逐渐成为

帕卡德（左）和休利特（右）

以医疗仪器为主的公司，20世纪70年代开始生产小型机，20世纪80

走进科学的殿堂

年代成为服务器和个人机的主要生产厂家,而且是主要的打印机厂家,其激光打印机享有盛誉。

HP 是在硅谷创立的第一家风险公司,虽然那时还没有风险公司这样的叫法,人们也没有认识到风险公司的意义。

休利特生于 1913 年,1930 年进入斯坦福大学学习,在那里认识了帕卡德,并成为终生挚友。1934 年从斯坦福大学电气工程系毕业后,休利特到麻省理工学院攻读研究生,帕卡特则在通用电气公司工作。

斯坦福大学电气工程学院院长特曼教授是个目光远大的人,他看到了无线电工业的前景,鼓励学生在学校周围风景如画的硅谷创建自己的电子公司。在这种鼓励下,休利特和帕卡特于 1939 年正式创立了惠普公司,开始时公司的总资产才 538 美元。

就靠这一点点钱,他们在艾迪生大街 367 号租下一间两层楼的小屋,将下面一个仅有一个车位的车库作为加工车间。创业的条件非常艰苦,当时只有一个工作台、一套老虎钳、一台钻床及一些简单工具,靠买来的元件组装成用户订货的仪器。1940 年从这一仓库迁出并雇用第一批员工,1987 年这一仓库被政府正式确定为加利福尼亚州发展史上里程碑式的建筑物,并被公认为硅谷的诞生地。

HP 生产的第一个产品是休利特利用其研究课题成果生产出来的阻容式声频振荡器,依靠低廉的价格和特曼教授的推荐,很快就打开了销路。1939 年底 HP 营业额达到 5369 美元、利润 1563 美元,以后年年都在盈利。

太平洋战争爆发,休利特应征入伍,军需订货也源源来到 HP。战

威廉·休利特

科技先锋

后复员时，公司已由当初的 15 人发展到有 250 名员工。这时公司已有了良好的发展基础，所以朝鲜战争爆发，为 HP 提供了大发展机会，这时它的产品品种已达到 100 多种。

1957 年是 HP 发展中具有里程碑意义的一年。11 月股票公开上市，市值达到 4800 万美元。这时公司已拥有四座厂房，员工超过 1000 人。要知道，那时的美元要比现在值钱不止 10 倍。然而作为大老板的帕卡德在纽约竟是乘地铁去证券交易所参加股票上市仪式的。

1957 年还是 HP 建立其经营管理特色的一年。休利特和帕卡德起草并同高层人员商议，制定了"惠普之道"的管理理论。它的内容是"以人为本，奉客户为先，提供高的产品质量和服务"，现在这一准则已经成为硅谷企业的管理精髓。虽然随着时间推移和环境变迁，惠普之道作过多次修改，但其基本核心"客户第一、重视个人、争取利润"的宗旨，始终不变。

他们坚信只要给员工适当的手段和支持，员工们都愿意努力工作并一定会做得很好。为了调动人的积极性、创造性，公司注意建立宽松、自由的工作环境，公司允许灵活上班，只要完成规定的工时和任务即可，这样来为工程师们提供创意的良好环境。

休利特善于鼓励和帮助发明创新者，他采用的方法被称为"戴帽子过程"。对于创新者，他总是先给戴上"热情"的帽子，认真倾听，热情鼓励其想法。几天后再给戴上"征询"帽子，提出非常尖锐的问题，对其思路进行探讨，但不作最后决定。不久后再戴上"决定"帽子，会见创新者，在严格逻辑推理下作出判断，对项目下最后结论。这样，即使项目被否定，创新者的积极性也不会被挫伤。

在良好的创新环境下，HP 的工程师沃兹尼阿克发明了个人机。虽然惠普当时没看清它的前景不予生产，但慷慨地同意这项发明归他个人所有，后经完善便成为苹果公司的个人机，从此在硅谷掀起一次又一次

走进科学的殿堂

的数字化浪潮。

休利特和帕卡德虽都早已退休，但仍在关心 HP 的发展。1997 年惠普的销售收入达 366 亿美元，其中计算机及其相关产品为 354 亿美元。惠普之道也被列为美国最佳的企业管理模式之一。

帕卡德已于 1996 年 3 月去世，他的去世标志着硅谷第一个时代的结束，他和休利特的合作被视为合作创业的典范。休利特还在 1985 年获里根总统授予的国家科学奖，这是美国最高的科学荣誉。

苹果电脑

科技先锋

西岸的"哈佛"——斯坦福大学

新微软时代

自20世纪80年代中期爆发个人电脑革命以来,比尔·盖茨成了风流人物。随着微软股票大幅度飙升,他登上世界首富宝座。当微软因违犯联邦政府反垄断法案被告上法庭时,比尔·盖茨借助市场力量,平息了这场风波。他统治微软王国27年,利润收益达500亿美元,控制了世界上最重要的行业。比尔·盖茨被喻为当代的洛克菲勒。

然而,比尔·盖茨现在不再管理微软,他把最高职位让给了他最好的朋友和管理伙伴——史蒂文·A.鲍尔默。这位魁伟结实的要吃一大顿早餐的底特律人,擅长组织管理,而盖茨却迷恋探讨复杂技术。2000年,盖茨给

盖茨

科技先锋

走进科学的殿堂

予他朋友重组大权,其中包括微软的财务、销售、产品开发甚至战略规划。如今,鲍尔默成功地替代了盖茨。

微软在度过艰难的日子之后,现正出现新世纪的曙光。鲍尔默重新构建原属盖茨的王国,尽管盖茨有点不乐意。有人向盖茨打听有关鲍尔默的事,他总是笑着,以掩饰自己内心的不快。"什么事情?他是老大",盖茨说,"史蒂文是 No.1,我是 No.2。我发出大嗓音,提出建议,史蒂文最后决策。"

如果把盖茨比作洛克菲勒的话,那么鲍尔默自然就是微软的杰克威尔奇——美国通用电气(GE)的具有传奇色彩的 CEO,一位著名企业家,他以自己形象的人格化力量和管理才干彻底改造公司。现年 46 岁的鲍尔默并不甘心于只看护盖茨设计的机器,他的目标是创建一个"永恒的大企业"。他说:"我们现在干得不赖。这里确实存在巨大机会,无论在商业贸易上,还是对我们居住社会所产生的影响。"

洛克菲勒

与传统管理决裂

鲍尔默作为微软新任的 CEO，历经两年多成功和挫折之后，积累了一定经验，对企业的发展有他自己的一套办法。在公司的备忘录中，他首次以"认识潜能"为标题向 5 万名雇员发出公告，这是微软领导交替的先兆。例如，1995 年，盖茨面对网络竞争，以"因特网浪潮"的电子邮件唤醒和激励沉睡的微软员工。同样，鲍尔默的备忘录也是号角，他拟订了新的任务纲要，描述了实现目标的方法。

新的使命看起来简单，然而十分新奇——"为全世界各地微软雇员充分认识自己潜在能力"。这种要求显然比仅开发软件的基本目标站得更高。微软的任务首先不仅在技术方面，而且在改进与客户和其他技术行业相互关系的交往方式方法方面。鲍尔默写道，"这不是无关紧要的原则陈述，这是行动号召"。

的确，身为微软 CEO 的鲍尔默正是在号召他的同事重新检讨他们的工作方式。他提出管理旨在为销售与产品开发之间架起桥梁，他要求各层管理人员大胆管理和经营，彻底与事事由盖茨和鲍尔默个人说了算的微软传统决裂。

更重要的，鲍尔默调整了一系列令人眼花的会议、视察与检查，这是过去有权人所从事的不同工作。其中包括下层雇员通过公司管理审议系统评议他的上司，每一个新措施出台前首先考虑能否迅速推行和进行评估。鲍尔默现采用一种全新的价值法则评议每个雇员的年度业绩。

鲍尔默希望他的管理措施能使微软成为更有人性化的企业。他说，公司的核心价值是处事真诚、顾全大局和相互尊重，它应成为我们对待客户、伙伴和技术行业竞争对手的准则。微软 5 年反垄断诉讼案已使它与其他公司的关系紧张。但是，鲍尔默相信，开诚布公地真诚对待他人，微软必将重新获得信任。他说："我们要在获得良好关系方面做艰苦工作。这意味着既要有时间投资、精力投资，也要真诚待人、真挚坦诚和相互尊重。"

鲍尔默

竞争对手认为，微软的友善和温和只不过是改变斑纹的老虎，决不会成为素食动物。鲍尔默并不打算戴上软件巨头的帽子，微软将进入新的领域。最近一些科研开发威胁到竞争对手，如日本索尼公司游戏机和SAP的会计软件。鲍尔默说，"行业对话使我知道你们不打算干的事。你若要问我们今天干什么，我也只能告诉你我们不干的事。"

非常重视商贸关系

说真的，鲍尔默确实想淡化公司形象，这在以前微软却是万万做不到的。这个巨头因法律诉讼渐渐地失去往日光彩——不仅仅是反垄断案件，美国证券交易委员会还用了三年时间调查微软20世纪90年代中期是否做假账问题，这个法律纠纷也影响到鲍尔默。他的反应是：必须解决。微软在鲍尔默任职期间发生了与司法部的反垄断案和临时雇用的工作人员、竞争对手以及客户带来的其他一些案件。2002年5月31日，微软与美国证券交易委员会达成协议，同意修改现有财会制度。

鲍尔默的改革主要在公司内部。也有人认为，他过于重视管理方法和业绩评估有可能扼杀创新。重视商贸关系的鲍尔默，现正在把重心放在公司运行机制的准时性上。微软前技术总监 Na—than Myhrvold 认为，

鲍尔默

管理层次多对新兴行业未必是好事，微软每年化费收益的 17.3% 用于 R&D 上从未含糊过。然而，Myhrvold 继承人 Rick Rashid 相信，新的管理模式有助于迅速地把科研转换成产品。

微软因鲍尔默掌舵，盖茨腾出身来从事自己喜爱的事情。作为董事会主席，盖茨在公司决策上仍是重要人物，但是他作为软件总构建师已把 65% 时间化在技术上。值得注意的结果或许是：微软开发与发展 Web 服务。网络是微软多少年来第一次作为重大技术转移的项目。盖茨也相当高兴。"你可从他的眼睛闪烁的兴奋看出"，负责公司应用软件业务的集团副总裁 Jeff Raikes 说。盖茨深表同感地说："这是美好时光。"

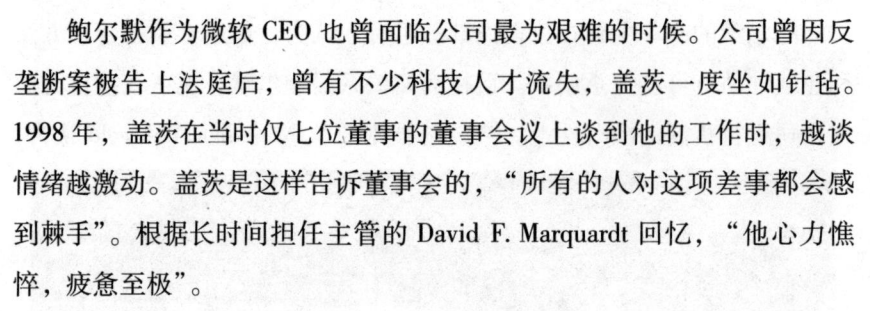

鲍尔默作为微软 CEO 也曾面临公司最为艰难的时候。公司曾因反垄断案被告上法庭后，曾有不少科技人才流失，盖茨一度坐如针毡。1998 年，盖茨在当时仅七位董事的董事会议上谈到他的工作时，越谈情绪越激动。盖茨是这样告诉董事会的，"所有的人对这项差事都会感到棘手"。根据长时间担任主管的 David F. Marquardt 回忆，"他心力憔悴，疲惫至极"。

权利转移并不通畅

盖茨逐渐把日常管工作交给鲍尔默，起先他命名鲍尔默为总裁，一年半后晋升为最高执行官（CEO）。鲍尔默和盖茨是 20 世纪 70 年代中期开始的朋友，俩人在哈佛大学都是数学尖子。盖茨辍学以后创办微软公司，鲍尔默仍在就读直至毕业。鲍尔默后来进入一家商务公司，两年后他又在斯坦福大学攻读 MBA，为他从事工商管理奠定了基础。

在 1980 年，刚成立不久的微软遇到经营麻烦，盖茨说服他的朋友鲍尔默给予帮助，叫他离开原来岗位，鲍尔默确实这样做了。公司几乎

西岸的"哈佛"——斯坦福大学

所有管理工作，包括销售总裁，他最后都包揽了下来。现在，鲍尔默和他妻子、三个儿子住在西雅图附近的高贵猎场，远离底特律郊区生活的日子。

盖　茨

虽然盖茨与鲍尔默是长期好哥们儿，但权利转移并不十分通畅。盖茨首先要保持自己权威性，不愿放弃数十年来的高层决策权。"所以，（他的工作）刚开始前六个月比我们预料的困难，后六个月也是如此"，盖茨承认。有些公司会议变得吵吵闹闹。有一次会议，盖茨同意增加一个项目预算，但最终被鲍尔默咆哮嗓门否决了，"你要我负责公司，就要让我管理！"出席会议的高层人士如此介绍说，无论盖茨还是鲍尔默都不愿提及这件事情。但鲍尔默承认俩人在会议上经常有争执，不过解释那趟事是偶尔发生的。高级副总裁 Craig Mundie 说，"比尔必须适应

走进科学的殿堂

新思想,尊重史蒂文决定"。

全身心投入重组

鲍尔默认为,管理微软如此一个庞大复杂的公司,首先要根据不同客户组织营销部门。这种方法使产品开发部门与用户的联系更紧密,但是重组不是件轻而易举的事。鲍尔默似乎现在找到了感觉,去年他瘦了52磅。他全身心投入重组,接连不断与其他公司高层人员面对面会谈,如饥似渴地阅读管理书籍,对微软采取一个接一个的改革举措。他强调被他称为"组织健康系数"———一种测量高层管理人员业绩重要指标的重要性。鲍尔默根据对美国通用的经验研究分析草拟了鉴别和提升优秀管理人员的新制度。

鲍尔默

也许，鲍尔默最重要的改革是始于4月份开始的被称为Execu—tive P&L方案。它是一份资产平衡表，把公司分成七个不同的经营部门，是向各部门经理人员提供一种评估经营业绩的财经工具。鲍尔默希望它能授予长期在CEO统管一切环境下工作的部门领导更大权力。在过去，管理人员只晓得产品开发成本，而不知道营销费用。现在他们了解最终费用，就可自己做出决定如何花钱，不必再经过鲍尔默。

鲍尔默为使新的管理系统能像瑞士钟表那样运转，采用了一个专门日历记下他的工作计划，鲍尔默称这个日历为"商务节奏"。10月份为公司21位副总裁用两周时间与他们下属研究组织结构和发展规划。最后一个月，公司七个部门领导用7天时间聚集在一起召开高层头脑风暴会议，研究和发现新商务机会。1月份，这些高层领导用四天时间检查总结去年客户服务质量。

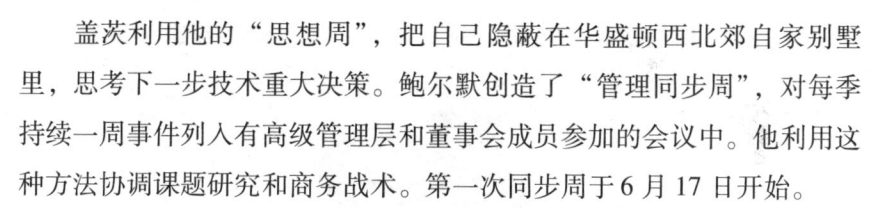

盖茨利用他的"思想周"，把自己隐蔽在华盛顿西北郊自家别墅里，思考下一步技术重大决策。鲍尔默创造了"管理同步周"，对每季持续一周事件列入有高级管理层和董事会成员参加的会议中。他利用这种方法协调课题研究和商务战术。第一次同步周于6月17日开始。

然而这些还不能足以达到经营目的。鲍尔默还要求下属改变行为方式。他说："人要心胸开阔，严于律己，对工作要无限忠诚，对人要互相尊敬。"在鲍尔默体制下，微软有权利的执行官被称为完工者。

性格倔强的老板

鲍尔默对不适应工作的人要他迅速走人。6月份，一个重要管理部门成立的时候，总裁Richard E. Belluzzo就被解职。Belluzzo是前Silicon Graphics公司最高执行官，他从未适应过鲍尔默的管理模式。Belluzzo知道，鲍尔默对他的业务（特别是数字）有时候比他自己还清楚。Bel-

走进科学的殿堂

luzzo 说,"史蒂文和我相处困难",对此鲍尔默不予评说。

鲍尔默是位性格倔强的老板,他以强调计划、羞辱高层官员而出名。有一位前任高层管理人员说,宁愿断头也不再愿为鲍尔默工作。"史蒂文也为自己工作方式而苦恼",有位主管说。史蒂文说他将努力改进。"许多人希望我既强硬又风趣,两者相互结合好",鲍尔默说,"不过我认为,我现在已经好多了"。

鲍尔默与其他公司交往时,才勉强表现出友好姿态。他需要与商贸伙伴有良好的关系,希望他们采用微软技术,同时他们也关注微软变化。鲍尔默曾每隔几个月去一趟硅谷,他现在与甲骨文前总裁、现硅谷一家风险投资公司的合作伙伴 J. Lane 结为好朋友。Lane 说:"鲍尔默在 2000 年召开微软高层会议,实际上变成了吸引风险投资专家,了解微软计划的年度集会,这在盖茨年代是不可能的,只有鲍尔默。"

鲍尔默不想把微软一切功劳归于自己,敏锐地感到这种说法欠妥

微软 logo

当。鲍尔默说："这实际上是我与伙伴们以及比尔对未来采取的措施，其目的是为把微软建成真正第一流软件公司。"

微软要成为第一流公司，首先必须要获得客户信赖。在公司的管理工作会议上，销售总裁 Ayala 恳求微软高层人员把客户放在首要位置。Ayala 认为，客户常常感到微软处于垄断地位，不注重出优质产品，而一味追求打假。他说："我们一些人丧失掉自己业务，我们大家都有责任。"他的发言得到大家一片掌声。会议一结束时，鲍尔默做出决定，9月管理同步周的重点是信任客户，他的发言同样得到与会者的赞扬。

再造微软是这位身躯高大的鲍尔默的进军命令。微软只有获得客户及其行业伙伴的信赖，才能进入高速发展和丰厚利润时期。如果鲍尔默扔掉它，肯定地说，不会受到微软人的称赞。

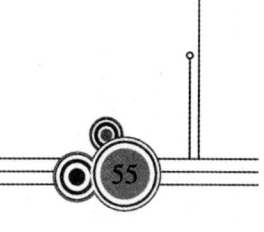

走进科学的殿堂

印度的"比尔·盖茨"——普雷姆吉

阿齐姆·普雷姆吉这位软件业巨头不仅为印度创建了标杆企业,更树立了商业规范。美国《财富》杂志曾公布了"亚洲最具影响力的25名商界人士"名单,印度软件巨头威普罗公司的总裁阿齐姆·普雷姆吉名列第10位。

相信普雷姆吉已经习惯这种排名了,因为进入新世纪以来,这位被称为"印度盖茨"的软件业巨子就一直是新兴印度商业的代表,而他领导的威普罗公司则成为印度的标杆企业。在2003年《财富》和《福布斯》的两项重要排名中,普雷姆吉均榜上有名,并因此成为亚洲最杰出的企业家之一。

在2003年《财富》杂志"全球最具影响力的50位商界领袖"名单中,普雷姆吉名列第17位,他得到的评价是:"非常准确地把握了时机:威普罗现在是印度最富

普雷姆吉

科技先锋

活力行业中最大的上市公司。而公司的成功也使普雷姆吉成为印度最富有的人,财富净值约为60亿美元。这位细声细语的董事长备受尊敬的另一原因是,他既不行贿也不受贿——在一个腐败盛行的国度,的确是一个有影响力的榜样。"而《福布斯》杂志则把他列为"左右世界经济发展的10大富豪"的第10名。在《福布斯》富豪榜上,他以59亿美元的资产财富排名第45位。

尽管普雷姆吉在上世纪90年代就造就了印度最成功的公司,但他第一次吸引全球的眼球是在2001年。当时《福布斯》公布,54岁的普雷姆吉以380亿美元的身价排名第二,仅次于比尔·盖茨。当时,威普罗公司股价飙升,市值达510亿美元,持有该公司75%股份的普雷姆吉身价也水涨船高,世人因此关注这位印度传奇人物。

普雷姆吉的父亲经营一家蔬菜产品公司,主要加工销售菜籽油。父亲由于过度劳累,在普雷姆吉23岁时去世。于是,年轻的普雷姆吉被迫放弃了在斯坦福大学工程系的学业,返回家乡。

1977年,普雷姆吉把父亲创办的公司的名字改为威普罗公司,并进行全面改革,实现了加工生产和销售的现代化管理。20世纪80年代后,普雷姆吉

普雷姆吉

开始尝试新业务，包括计算机硬件和软件业务。那时他就敏锐地意识到，刚刚兴起的计算机将是前途无量的朝阳产业。1980年，他得到美国森蒂内尔电脑公司的许可，开始利用该公司的科技制造小型电脑。1985年，又与台湾地区的电脑公司合作。这些业务都为公司的日后发展打下良好的基础。

在20世纪最后几年IT业的迅猛发展潮中，普雷姆吉始终把握先机，从而使威普罗公司成为印度最富生机的高科技公司。而威普罗这家公司最令人注目的崛起过程，在于它让软件开发流程标准化，使软件生产也可以像制造业一样大量生产，并创下印度企业在美上市成功的传奇。

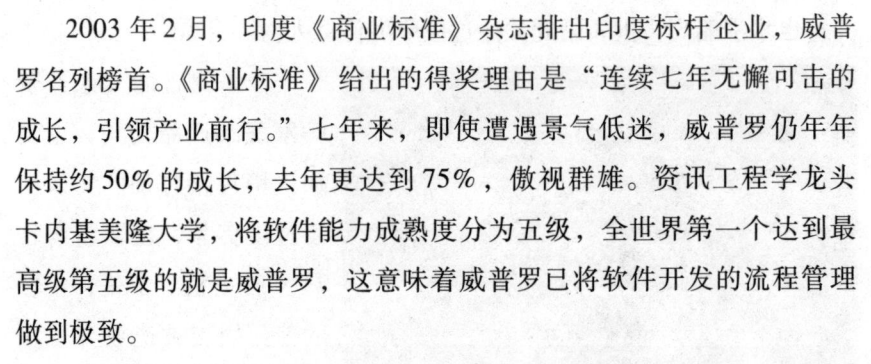

2003年2月，印度《商业标准》杂志排出印度标杆企业，威普罗名列榜首。《商业标准》给出的得奖理由是"连续七年无懈可击的成长，引领产业前行。"七年来，即使遭遇景气低迷，威普罗仍年年保持约50%的成长，去年更达到75%，傲视群雄。资讯工程学龙头卡内基美隆大学，将软件能力成熟度分为五级，全世界第一个达到最高级第五级的就是威普罗，这意味着威普罗已将软件开发的流程管理做到极致。

由于普雷姆吉的敏锐和前瞻力，威普罗成功地实现了转型，才成就了今天的霸业。20世纪80年代，在印度计算机硬件市场开放后，全球化竞争，尤其是台湾地区低价计算机，使得威普罗生产计算机的利润下降。普雷姆吉意识到，以印度软件人才为基础，提高软件的竞争力，发展"低价"的软件市场，将是印度企业的契机。因此，90年代威普罗才确定以软件为核心的战略。后来，普雷姆吉又意识到：软件也一样可能面临竞争者低价进入市场、削减利润。因此，最根本的方法就是不断提升自己的竞争力。威普罗的策略，是锁定科技领先的客户如太阳微、思科，为他们研发软件，借此抓住科技的趋势，做技术提升。现在，威

西岸的"哈佛"——斯坦福大学

普罗在印度软件公司中最早投资在通讯及电子商务的研发。诺基亚、摩托罗拉等公司合资的 3G 技术公司 Symbian，授权软件平台由威普罗研发。

普雷姆吉

商业道德的楷模普雷姆吉被人议论纷纷的另一面是他的节俭，甚至是吝啬。印度及国外媒体都报道过他外出时总是自己洗熨衣物，住三星级宾馆，出差归来，往往是在班加罗尔机场乘坐三轮机动车返回。他唯一的汽车还是一辆 1996 年产的福特雅仕。不仅如此，他还监督公司卫生间内卫生纸使用的卷数，要求员工离开办公室之前关灯，他本人每天下班后也会偶尔检查一下熄灯的情况。

在得知自己被《福布斯》列为世界第二富豪时，他对《今日印度报》记者说："我觉得自己像动物园的动物一样，隐私遭到侵害。我不认为自己是世界第二富人。"在威普罗公司的股票疯涨时，他坦承自己也不知道是为什么。"我毫无头绪。我对股票市场不在行……我们在过去2、3个月所做的，和目前所做的基本上没有什么不同。""任何财富地位和权力地位都意味着重大的责任，股价越高，投资者的期望值就越高，如果股价高得离谱，期望值也会变得不现实。"在他看来，股票只是纸上财富，"变现意味着获得金钱，你应当在有花钱的目标时再去变现。"

持有公司75%股份的普雷姆吉把福特公司作为自己的榜样，他说，很多人认为，我的成功是受惠于家庭和血缘关系，但是家族企业中，一个重要的问题是不能碍于亲情而妥协。福特汽车公司从亨利·福特那里继承后，取得了巨大的成功，原因是董事会获得很大的权力。

2001年时，他曾说过，很幸运，我的家庭里还没有一个人的年龄适于接我的班。尽管我是继承了父亲的事业，但那时公司年销售额只有200万美元，而现在将近470亿美元。继承这么大的公司，要担很大的责任，这是对投资人的重大责任。因此，我的继承人必须具备最好的职业素质。

普雷姆吉和他的威普罗公司在印度不仅是商业成功的典范，同时也是商业道德的楷模。普雷姆吉为公司定下一条铁律：绝不贿赂，不论付出多大的代价。有一年，由于没有向主管部门行贿，威普罗公司一个工厂的专用变电站18个月都建不起来，只好独立发电，耗资巨大。还有一次，因

普雷姆吉

拒绝向海关行贿，一船产品在最关键的时间被扣，导致交货延期。最后，公司起诉海关，法院最终判决放行。

威普罗的公司文化中最重要的一点是倡导诚实，用假发票报销的员工一经发现后会被解雇。其中一位因此被解雇的是关键部门的经理，整个公司总部为此遭到的困境长达两个半月，但普雷姆吉依然坚持不许他重回公司。普雷姆吉说："我希望我的员工都是诚实的，对上级诚实、对下级诚实、对顾客诚实、对供应商诚实、对他们接触的社会上的所有人诚实。"

他这样阐释自己的诚实观："我的经验是，人们普遍都是诚实的，对大多数人来说，不诚实是不自然的，我们要做的只是确保员工来自于不会学到坏习惯的文化氛围。因此，我们会源源不断地从大学里招聘员工。"

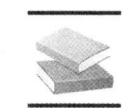

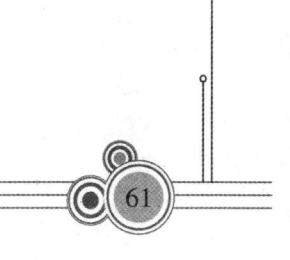

走进科学的殿堂

商业帝国的领袖——贝瑞特

科技先锋

克瑞格·贝瑞特，Intel 公司的首席执行官，一个庞大商业帝国的领袖。

克瑞格·贝瑞特 1939 年 8 月 29 日生于旧金山，小时候的理想是当个护林员。1957 年进入斯坦福大学学习冶金，获得了科学学士、科学硕士以及材料科学博士学位，其后在斯坦福大学材料科学与工程系任教长达 10 年，至今还担任美国国家工程科学院院士，曾发表过 40 多篇技术专著，他所撰写的材料科学教科书《工程材料原理》至今仍是美国的大学教材。

1974 年对克瑞格·贝瑞特来说是命运的转折时刻。他加入 Intel 公司，任技术发展经理。十年后，被任命为公司副总裁、执行副总裁；1993 年被任命为首席业务执行官；1997 年 5 月，就任公司第四任总裁；一年后接任首席执行官。此外，他还担任美国 West 公司、美国

贝瑞特

半导体产业协会、Sematech 公司和 Pandesic、LLC 公司的董事会董事。美国教育部委任其为 21 世纪美国国家数学和科学教育委员会委员。

曾有一位记者问贝瑞特：您希望将来接替您位置的人是一个什么样的人？贝瑞特回答说：一，要有技术背景；二，要有竞争性，能打胜仗，喜欢旅行，因为 Intel 是一家全球性的公司；三，冷静、自信，工作起来要有偏执狂的特点。像一个骑着马四海为家的彪悍牛仔，可以作为贝瑞特的最好比喻。

有着 1.9 米高个头的贝瑞特博士是一位非常优秀的运动员，喜欢各种各样的运动，曾驾驶过 F16 战斗机，也获得过"铁人三项"（游泳、长跑、骑自行车）的冠军。他有着过人的精力，对工作非常投入。由此不难理解，为何 28 年前贝瑞特一辞去斯坦福大学副教授的职务，便立即成为 Intel 的技术开发经理。热爱体育的贝瑞特已经将竞赛的拼搏精神融合在他的血液中，进入 Intel 十年后，他便被提升为 Intel 副总裁，主管生产制造，这又使他得到了一次施展管理才干的好机会。

当时，Intel 属下多家工厂都在生产芯片，各工厂的工程师们总是想让自己生产的芯片更好一些，所采取的方法均不相同，这使得 Intel 很难在全局上控制芯片的质量。贝瑞特主管生产后，大胆地创新"Copy（复制）工作法"，即把所有的 Intel 工厂都配置了一样的设备，采用一样的工艺，甚至产品所用的涂料也必须统一。由于这一"Copy"计划运行得异常成功，Intel 最后终于控制住了芯片质量。这为 Intel 已树立的良好品牌种下了良好的"内核"，也使其产量达到了翻番的效果。从此 Intel 公司几乎垄断了整个芯片市场，也从中获得了丰厚的利润。前任 Intel 首席执行官、现任 Intel 董事长葛鲁夫先生对贝瑞特的做法大加称赞，而贝瑞特也由此得到了 Intel "生产先生"的美誉。

当贝瑞特在 1998 年从葛鲁夫手中接过大印时，他面临的是：Intel 的销售发生疲软，与之竞争的芯片厂商正在扩大市场份额，Intel 近十年来的第一次利润下降，更为严重的是美国联邦贸易委员会指控 Intel 有垄断行为。

但仅仅过了 6 个月，Intel 的经营业绩便大幅度提高。贝瑞特在高端和低端同时扩大产品线，保证了 Intel 的利润收入，并且还以创记录的高价出售高端芯片，成功推出廉价芯片，从而安然地度过了艰辛的一年，也使得贝瑞特被选上《商业周刊》1998 年度 25 位最佳首席执行官的光荣榜。

贝瑞特讲话

在贝瑞特掌权 Intel 以来，Intel 发生了两次转型：第一次是把 Intel 的处理器进行了成功的市场细分，其转型之快迫使其竞争对手在低价市场上无法兴风作浪，第二次转型是把 Intel 从计算机领域转到互联网领域上来。"我们现在所做的一切事情的焦点都围绕着 Internet。" 2002 年 2 月 25 日，在美国举行的 Intel 开发商会议中，贝瑞特发表演讲，认为

西岸的"哈佛"——斯坦福大学

推动今后技术革新的因素有：（1）与Inter–net相关的产业，（2）遵循摩尔法则的CPU开发，（3）Internet基础设施整备。CPU开发方面，制定了使用栅极长10nm的晶体管、工作频率为30GHz的目标。对此，贝瑞特在四天后（3月1日）接受《e天下》专访时做出进一步的预测：

贝瑞特

"未来的PC不会是方方正正的。为了凸显其人性化的特质，它将以各种形状、大小融入日常生活中。"于是，在人们终于看到Intenet经济曙光的时候，Intel再次站到了时代的前列。

面对未来，贝瑞特非常清楚：Intel要在未来继续扮演信息产业高科技的中心角色，就必须转入到Internet领域里。对贝瑞特来说，在其任

走进科学的殿堂

CEO期间,最大的梦想是让Intel成为互联网经济的中心角色:"过去十年里,我们在计算机领域里成为了中心角色,在未来十年里,我们要在互联网舞台上成为中心角色。Intel已经很大,成长起来是一件很困难之事,我希望在我作为CEO期间,我们能有15%~20%的增长。"

毫无疑问,如果贝瑞特能成功地实现他的梦想,他将与前三任Intel掌门人一样,被商业界与IT界载入史册。而如何实现Intel的增长,将是贝瑞特必须面临的一个难题。

于是,2001年伊始,贝瑞特便指挥Intel以7.48亿美元收购了网络设备制造商Xircom公司。2001年2月,Intel又以5.5亿美元的代价收购了VxTel公司,从而进一步加强了它在芯片制造业的实力。由于这两桩轰动一时的商业收购成功,贝瑞特被评为2001年度全球十大并购人物。

贝瑞特的格言是:"热衷于自己喜欢的、有乐趣的工作吧!这就是我每天早晨起床的最大理由。"

贝瑞特

生物化学之父——鲍林

林纳斯·卡尔·鲍林，1954年获诺贝尔化学奖，1964年获诺贝尔和平奖，是全世界极少有的两次获诺贝尔奖的学者之一，而在两个方面获奖的仅有他一个人，他被誉为"生物化学之父"。

鲍林1901年2月18日出生于美国俄勒冈州波特兰市。幼年聪明好学，11岁认识了心理学教授捷夫列斯。捷夫列斯有一所私人实验室，他曾给幼小的鲍林做过许多有意思的化学演示实验，这使鲍林从小萌生了对化学的热爱，这种热爱使他走上了研究化学的道路。

鲍林在读中学时，各科成绩都很好，尤其是化学成绩一直名列全班第一名。他经常埋头在实验室里做化学实验，立志当一名化学家。

1917年，鲍林以优异的成绩考入俄勒冈州农学院化学工程系，他希望通过学习大学化学最终实现自己的理想。鲍林的家境很不好，父亲只是一位一般的药剂师，母亲多病。家中经济收入微薄，居住条件也很

走进科学的殿堂

差。由于经济困难，鲍林在大学曾停学一年，自己去挣学费，复学以后，他靠勤工俭学来维持学习和生活，曾兼任分析化学教师的实验员，在四年级时还兼任过一年级的实验课。

鲍林在艰难的条件下，刻苦攻读。他对化学键的理论很感兴趣，同时，认真学习了原子物理、数学、生物学等多门学科。这些知识，为鲍林以后的研究工作打下了坚实的基础。

1922年，鲍林以优异的成绩大学毕业，同时他还考取了加州理工

加州理工学院

学院的研究生，导师是著名化学家诺伊斯。诺伊斯擅长物理化学和分析化学，知识非常渊博。对学生循循善诱，为人和蔼可亲，学生们评价他"极善于鼓动学生热爱化学"。

诺伊斯告诉鲍林，不要只停留在书本知识上，应当注重独立思考，

同时要研究与化学有关的物理知识。1923年，诺伊斯写了一部新书，名为《化学原理》。此书在正式出版之前，他要求鲍林在一个假期中，把书上的习题全部做一遍。鲍林用了一个假期的时间，把所有的习题都准确地做完了，诺伊斯看了鲍林的作业，十分满意。诺伊斯十分赏识鲍林，并把鲍林介绍给许多知名化学家，使他很快地进入了学术界的社会环境中，这对鲍林后来的发展十分有利。

鲍林在诺伊斯的指导下，完成的第一个科研课题是测定辉钼矿（mosz）的晶体结构，鲍林用调射线衍射法，测定了大量的数据，最后确定了mosz的结构，这一工作完成得很出色，不仅使他在化学界初露锋芒，同时也增强了他进行科学研究的信心。

鲍林在加州理工学院，经导师介绍，还得到了迪肯森、托尔曼的精心指导。迪肯森精通放射化学和结晶化学，托尔曼精通物理化学，这些导师的精心指导，使鲍林进一步拓宽了知识面，建立了合理的知识结构。

1925年，鲍林以出色的成绩获得化学哲学博士。他系统地研究了化学物质的组成、结构、性质三者的联系，同时还从方法论上探讨了决定论和随机性的关系。他最感兴趣的问题是物质结构，他认为，人们对物质结构的深入了解，将有助于人们对化学运动的全面认识。

鲍林获博士学位以后，于1926年2月去欧洲，在索末菲实验室里工作一年。然后又到玻尔实验室工作了半年，还到过薛定谔和德拜实验室。这些学术研究，使鲍林对量子力学有了极为深刻的了解，坚定了他用量子力学方法解决化学键问题的信心。鲍林从读研究生到去欧洲游学，所接触的都是世界一流的专家，直接面对科学前沿问题，这对他后来取得学术成就是十分重要的。

1927年，鲍林结束了两年的欧洲游学回到了美国。在帕莎迪那担任了理论化学助理教授，除讲授量子力学及其在化学中的应用外，还讲

走进科学的殿堂

授晶体化学,开设有关化学键本质的学术讲座。1930年,鲍林再一次去欧洲,到布拉格实验室学习有关射线的技术,后来又到慕尼黑学习电子衍射方面的技术,回国后,被加州理工学院聘为教授。

鲍林

鲍林在探索化学键理论时,遇到了甲烷的正四面体结构的解释问题。传统理论认为,原子在未化合前外层有未成对的电子,这些未成对电子如果自旋反平行,则可两两结成电子对,在原子间形成共价键。一个电子与另一电子配对以后,就不能再与第三个电子配对。在原子相互结合成分子时,靠的是原子外层轨道重叠,重叠越多,形成的共价键就越稳定。但这种理论,无法解释甲烷的正四面体结构。

西岸的"哈佛"——斯坦福大学

为了解释甲烷的正四面体结构，说明碳原子四个键的等价性，鲍林在1928—1931年，提出了杂化轨道的理论。该理论的根据是电子运动不仅具有粒子性，同时还有波动性，而波又是可以叠加的。所以鲍林认为，碳原子和周围四个氢原子成键时，所使用的轨道不是原来的s轨道或p轨道，而是二者经混杂、叠加而成的"杂化轨道"，这种杂化轨道在能量和方向上的分配是对称均衡的。杂化轨道理论，很好地解释了甲烷的正四面体结构。

在有机化学结构理论中，鲍林还提出过有名的"共振论"共振论直观易懂，在化学教学中易被接受，所以受到欢迎，在20世纪40年代以前，这种理论产生了重要影响。但到20世纪60年代，在以苏联为代表的集权国家，化学家的心理也发生了扭曲和畸变，他们不知道科学自由为何物，对共振论采取了急风暴雨般的大批判，给鲍林扣上了"唯心主义"的帽子。

鲍林在研究量子化学和其他化学理论时，创造性地提出了许多新的概念。例如，共价半径、金属半径、电负性标度等，这些概念的应用，对现代化学、凝聚态物理的发展都有巨大意义。

鲍 林

1932年，鲍林预言，惰性气体可以与其他元素化合生成化合物。惰性气体原子最外层都被8个电子所填满，形成稳定的电子层，按传统理论不能再与其他原子化合。但鲍林的量子化学观点认为，较重的惰性

科技先锋

71

气体原子，可能会与那些特别易接受电子的元素形成化合物。这一预言在1962年被证实。

鲍林还把化学研究推向生物学，他实际上是分子生物学的奠基人之一，他花了很多时间研究生物大分子，特别是蛋白质的分子结构。20世纪40年代初，他开始研究氨基酸和多肽链，发现多肽链分子内可能形成两种螺旋体，一种是α-螺旋体，一种是g-螺旋体。经过研究他进而指出：一个螺旋是依靠氢键连接而保持其形状的，也就是长的肽键螺旋缠绕，是因为在氨基酸长链中，某些氢原子形成氢键的结果。作为蛋白质二级结构的一种重要形式，α-螺旋体，已在晶体衍射图上得到证实，这一发现为蛋白质空间构像打下了理论基础。这些研究成果，是鲍林1954年荣获诺贝尔化学奖的项目。

1954年以后，鲍林开始转向大脑的结构与功能的研究，提出了有关麻醉和精神病的分子学基础。他认为，对精神病分子基础的了解，有助于对精神病的治疗，从而为精神病患者带来福

鲍林与他的化学结构模型

音。鲍林是第一个提出"分子病"概念的人，他通过研究发现，镰刀形细胞贫血症，就是一种分子病，包括了由突变基因决定的血红蛋白分子的变态。即在血红蛋白的众多氨基酸分子中，如果将其中的一个谷氨酸分子用缬氨酸替换，就会导致血红蛋白分子变形，造成镰刀形贫血病。鲍林通过研究，得出了镰刀形红细胞贫血症是分子病的结论。他还

研究了分子医学，写了《矫形分子的精神病学》的论文，指出分子医学的研究，对解开记忆和意识之谜有着决定性的意义。

鲍林学识渊博，兴趣广泛，他曾广泛研究自然科学的前沿课题。他从事古生物和遗传学的研究，希望这种研究能揭开生命起源的奥秘。他于1965年提出了原子核模型的设想，他提出的模型有许多独到之处。

鲍林坚决反对把科技成果用于战争，特别反对核战争。他指出："科学与和平是有联系的，世界已被科学的发明大大改变了，特别是在最近一个世纪。现在，我们增进了知识，提供了消除贫困和饥饿的可能性，提供了显著减少疾病造成的痛苦的可能性，提供了为人类利益有效地使用资源的可能性。"他认为，核战争可能毁灭地球和人类，他号召科学家们致力于和平运动，鲍林倾注了很多时间和精力研究防止战争、保卫和平的问题。他为和平事业所作的努力，遭到美国保守势力的打击。20世纪50年代初，美国奉行麦卡锡主义，曾对他进行过严格的审查，怀疑他是美共分子，限制他出国讲学，干涉他的人身自由。1954年，鲍林荣获诺贝尔化学奖以后，美国政府才被迫取消了对他的出国禁令。

1955年，鲍林和世界知名的大科学家爱因斯坦、罗素、约里奥·居里、玻恩等，签署了一个宣言：呼吁科学家应共同反对发展毁灭性武器，反对战争，保卫和平。1957年5月，鲍林起草了《科学家反对核实验宣言》，该宣言在两周内就有2000多名美国科学家签名，在短短几个月内，就有49个国家的11000余名科学家签名。1958年，鲍林把反核实验宣言交给了联合国秘书长哈马舍尔德，向联合国请愿。同年，他写了《不要再有战争》一书，书中以丰富的资料，说明了核武器对人类的重大威胁。

1959年，鲍林和罗素等人在美国创办了《一人少数》月刊，反对战争，宣传和平。同年8月，他参加了在日本广岛举行的禁止原子弹氢

走进科学的殿堂

弹大会。由于鲍林对和平事业的贡献，他在1962年荣获了诺贝尔和平奖。他以《科学与和平》为题，发表了领奖演说，在演说中指出："在我们这个世界历史的新时代，世界问题不能用战争和暴力来解决，而是按着对所有人都公平，对一切国家都平等的方式，根据世界法律来解决。"最后他号召："我们要逐步建立起一个对全人类在经济、政治和社会方面都公正合理的世界，建立起一种和人类智慧相称的世界文化。"

1994年鲍林逝世。

鲍 林

科技先锋

重组 DNA 技术之父——伯格

保罗·伯格是美国生物化学家，"重组 DNA 技术之父"和遗传工程的奠基人。同是他是 1980 年诺贝尔化学奖获得者，也是病毒繁殖、侵袭正常细胞并使之癌变的最早研究者。

宾夕法尼亚州立大学

伯格 1926 年 6 月 30 日出生于美国纽约，宾夕法尼亚州立大学毕业

走进科学的殿堂

后，在西部保留地大学获哲学博士学位，1959年起在斯坦福大学任生化教授，开发了试管内在酶的作用下将大肠杆菌的噬菌体基因与SV40基因结合在一起的技术。

伯格长期从事生物化学和生物物理方面的研究，成绩卓著，是杰出的分子生物学家之一，是"基因工程"的开拓者和创始人。他的研究工作有助于解释DNA和RNA在遗传密码的传递、转录过程中的作用，并成功地与其他学者一起首次完成了不同种DNA分子的联接手续。后来，他又成功地解决了基因的无性繁殖问题，这为人类今后用人工的方法来设计制造出新的生命有机体打下了基础。

20世纪70年代初，基因重组技术取得成功，保罗·伯格教授作出了重大贡献。他在深感喜悦的同时也不无忧虑：万一重组出危害人类生存的生物，如对抗抗生素的细菌之类怎么办？他不仅自己主动暂停实验，并且建议同行也这样做，召开一次国际会议讨论如何规范基因重组实验。这是生命科学家首次公开主动暂停极有前景的科学实验，首次通过国际协作主动约束自己的前沿研究。

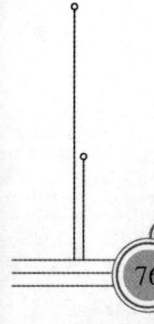

精英之城

静之英雄

西岸的"哈佛"——斯坦福大学

欧元之父蒙代尔

　　罗伯特·蒙代尔，美国哥伦比亚大学教授，1999年诺贝尔经济学奖获得者，"最优货币区理论"的奠基人。1956年，蒙代尔获美国麻省理工学院经济学博士，1961年任职于国际货币基金组织。1966—1971年在斯坦福大学和约翰霍普金斯大学任教，从1974年开始，蒙代尔执教哥伦比亚大学。

哥伦比亚大学

精英之城

走进科学的殿堂

蒙代尔具有革新意义的研究为欧元汇率奠定了理性基础,他对不同汇率体制下货币与财政政策以及最优货币流通区域所做的分析使他获得1999年诺贝尔经济学奖。蒙代尔教授对经济学的伟大贡献,一是开放条件下宏观稳定政策的理论(蒙代尔——弗莱明模型),二是最优货币区域理论。蒙代尔教授敏锐地观察到,从20世纪60年代至今,世界经济发展中的一个显著特点,就是随着世界经济一体化与全球化的发展,产品、服务、尤其是资本,可以通过贸易和大规模的投资跨国界流动。在一个更为开放的经济体系中,一国的货币主权和财政政策效果更多地受到外部世界的制约,宏观调控能力下降。经济学

精英之城

蒙代尔

越来越难以对经济前景进行预测,一个重要原因就是传统的宏观和微观经济学在经济全球化条件下面临新的挑战。可以说,蒙代尔教授关于开放经济条件下的国际经济学的研究正是在迎接这样的挑战,他是

一位伟大的先行者和预言家。

这位世界经济重量级人物，让所有人在对他肃然起敬的同时，也对他的人生足迹产生了深深的好奇。

1932年，蒙代尔出生在加拿大安大略省。小时候的蒙代尔在加拿大很偏远的一个地方上学，那个地方人烟稀少，只有一所小学。学校里只有一间教室、十几个学生，由于条件所限，几个年级的学生只能共用一间教室。虽然进入的是一个设施简陋的学校，但蒙代尔并没有因此感到气馁和失望，依然刻苦学习。

多年以后，已是哥伦比亚大学教授的蒙代尔在一次演讲中说："我一直认为，艰苦的学习环境并不是阻碍人们成才的一个因素，一个人想要成功，就要正确地认识和对待客观条件，把自己的兴趣放在首位，要自己选择适合自己的人生道路。"

蒙代尔是这样说的，也是这样做的。第二次世界大战结束后不久，一次偶然的机会让蒙代尔对经济学产生了浓厚的兴趣。1949年，一直是世界经济市场上最强硬货币的英镑突然贬值了。当时只有17岁的蒙代尔问老师："英镑为什么会贬值呢？英国通过这一做法究竟可获得什么？"老师最终也没能给蒙代尔一个合理的解释，因为当时根本没有人能正确解释一种货币在经济运行过程中的规律。如果换成一般的年轻人，一件连老师都讲不出原因的事，也许只会在他大脑中一闪而过，然后便被遗忘了。但蒙代尔并不死心，他阅读了大量的报刊和专业性的资料，想从中找出答案。可是，他失望了，没有一家报刊能给这个现象一个合理的解释。面对困难，蒙代尔没有退缩，反而增强了他对经济学日益浓厚的兴趣。他想，或许自己可以在这个还没有答案的领域做一些调查，这为他一生从事经济学研究埋下了深深的伏笔。

在英属哥伦比亚大学学习期间，蒙代尔开始涉猎经济学，并感觉到自己开始深深爱上了这门学科，下定决心把它作为一项毕生的职业。大

走进科学的殿堂

学毕业后，蒙代尔去了美国的华盛顿大学研究生院继续深造。在完成了硕士学位之后，华盛顿大学给他提供了相当于助教的奖学金，让他可以继续在那里完成博士学位。

华盛顿大学校园图片

他却犹豫了，华盛顿大学的经济系不是当时最优秀的院系，他想到一个更理想的学术基地攻读博士学位，可自己又没有钱。在他进退两难的关键时刻，蒙代尔找到三个教授，征求他们的建议。这三位教授都是蒙代尔最喜欢的，他问了他们同一个问题：在资金不充裕的情况下，一个人究竟应该选择哪里完成自己的博士学业呢？蒙代尔问的第一位教授是一个年轻的数理经济学家，他给蒙代尔的建议是到一个能够给提供最高额奖学金的大学去；第二位是国际贸易专家，他建议蒙代尔说"到你最想去的地方，需要多少钱，就去借多少钱"；第三位教授是微观经济

学家，他告诉蒙代尔，你应该找一个非常富有的女孩子，然后跟她结婚，用她家的财富来帮助你完成你的学业。

最终，蒙代尔听从了第二位教授的建议，去了一所他想去的大学，因为当时那里有一批世界顶尖的经济学教授。

1956年，年仅24岁的蒙代尔以题为《论国际资金流向》的博士论文一举成名，获得了经济学博士学位。1970年，蒙代尔加入欧共体货币委员会，并从1974年开始，一直任教于美国哥伦比亚大学至今。蒙代尔有一个经济界人士熟知的称号——"疯子经济学家"。之所以被称作"疯子经济学家"，是因为蒙代尔向一直被奉为金科玉律的"一个主权国家怎么可以没有独立的货币"观点提出了尖锐挑战。而这一思想，正是欧元最终诞生的基础。

1999年10月13日，瑞典皇家科学院将该年度的诺贝尔经济学奖授予了众望所归的蒙代尔。在瑞典皇家科学院的新闻公报中，专家们这样写道：蒙代尔进一步发展了开放经济下的宏观经济学理论，他建立的这一理论基础支配着开放经济下的实际货币政策和财政政策，并且成为国际宏观经济学教学的基础课。而新闻界则这样评价蒙代尔：一个靠借款完成学业的人，一个改变国际金融格局的人，一个被誉为经济预言家的人，一个对中国情有独钟的人。

蒙代尔也因倡议并直接设计了区域货币——欧元，被誉为"欧元之父"。蒙代尔之所以成为改变欧洲、改变世界的经济学天才，是因为他从不知"循规蹈矩"为何物。他将自己与两岁儿子的快乐合影放在原本很严肃的学术网站上；获得"美国计量经济学院士"这个美国计量经济学的至高无上的荣誉时，却因没拆那封通知他当选的信，而对此殊荣全然不知；当选美国经济学会主席后，竟忘了出席就职典礼，让等待听他就职演说的崇拜者们空欢喜一场……

浏览这位天才的成功之路，人们不难发现，在这位可以称得上是经

走进科学的殿堂

济学界巨人的身上，竟然有着那么多对传统理论的批判精神。也正是带着这种不屈不挠的挑战精神，蒙代尔才力排众议，用欧元诞生的事实将"一个主权国家怎么可以没有独立货币"的百年经典理论打入历史的尘埃，成为有史以来首位区域货币的创始人。将欧元之父这一象征着知识和智慧的荣誉和自己的名字联在一起，永远载入了世界经济的史册。

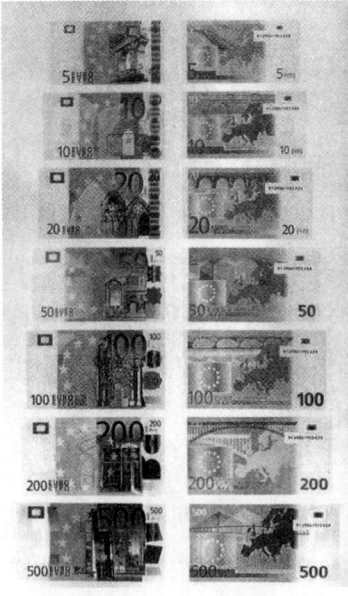

欧 元

精英之城

西岸的"哈佛"——斯坦福大学

好莱坞"纯情玉女"——康纳利

詹妮弗·康纳利1970年12月12日出生于美国纽约州中部的游览胜地卡茨基尔山区,父亲杰勒德·康奈利是个服装商,母亲艾琳·康奈利是个古董商,她自小在纽约市布鲁克林街区长大。10岁时,就受父亲的影响,开始在纽约时装界进行模特商业表演。

康纳利中学毕业后曾就读于耶鲁大学,由于演艺事业的需要,1992年秋季,转入了斯坦福大学(她仍需继续挣够学分才能获得学位)学习戏剧。

由于她天生丽质,少女时期就成为人见人爱的模特,经常出国表演。最初,她也是在海外开始首次演出,1984年她出现在英国杜兰·杜兰(Duran Duran)的MTV《蛇盟》中。不久,康纳利即被星探发掘,被意大利导演瑟吉欧·莱昂内相中,在奥斯卡影帝罗伯特·德尼洛主演的黑帮经典名作犯罪惊悚片《美国往事》

詹妮弗·康纳利

精英之城

走进科学的殿堂

中，饰演少年德博拉，这可是她的银幕处女作。尽管出场时间较短，但她纯情迷人的气质令人印象深刻，引起了评论界的注意。这以后年仅14岁的康奈利多以清纯的少女角色出演各影视剧，成为20世纪90年代初期最炙手可热的少女明星之一。

1985年，康纳利拍摄了她的第二部影片，在意大利导演达里欧·阿吉恩图的恐怖片《神话》中主演了一个聪明的女中学生詹妮弗·科尔维诺，大气的表演，证明了年少的康纳利具备了驾驭主角的能力。

1986年，康纳利在吉姆·汉森的幻想冒险片《魔幻迷宫》中，饰演失去了弟弟的少女萨拉，她必须从魔王手中救出弟弟。16岁的康纳利天真无邪的表演，令人十分难忘，显示出了比同龄人的更为成熟和出色，她的星途由此打开。随后，康纳利似乎消失了一段时间。

长大后的康纳利曾像许多少年成名的影星一样面临转型瓶颈，在1990年丹尼斯·霍珀的艳情惊栗片《激情沸点》中开始以成熟性感的姿态出现，一反以

詹妮弗·康纳利

往的清纯形象。1991年乔·约翰斯顿的科幻冒险片《火箭人》等片中饰演了一些角色，但频频出现在观众们面前的康奈利，艺术形象总是不具挑战力，给人的感觉是过目就忘。倒是在拍摄《火箭人》时，与男主角比尔·坎贝尔坠入了情网，开始了一段五年的浪漫恋情。

20世纪90年代中期，人们开始寻找富有天份的女演员。由于已经

精英之城

西岸的"哈佛"——斯坦福大学

成熟,成为一个能够出演任何富有挑战性角色的演员,康纳利开始尝试不同风格的角色。1994年,康纳利在黑人导演约翰·辛格尔顿的《教室情仇》中,饰演女大学生的同性恋女友塔林,这个敏感的女同性恋者形象,显示了其从未表露出的能力。1996年,康纳利在女导演贝蒂·卡普兰执导的战争爱情片《乱世惊情》中,与西班牙巨星安东尼奥·班德拉斯联袂出演,饰演时装杂志的采访记者艾琳,演绎了一段在智利军政府独裁统治之下的浪漫爱情故事,激情的"艾琳",令人耳目一新。

从1998年起,康纳利开始陆续依靠一些非主流的艺术影片重新打响知名度。在李·塔马赫利执导的《义胆情深》和亚历克斯·普罗亚斯执导的惊悚科幻片《黑暗城市》等中,都有着不错的表现,演技显得更加成熟老道。2000年,康纳利在基思·戈登的剧情片《死亡中惊醒》中,饰演萨拉·威廉斯,再次显示出了她的表演深度和才华。同年,在达伦·阿罗诺夫斯基执导的情感剧情片《梦之安魂曲》中,饰演可爱但却毒瘾缠身的情人马里恩·西尔弗。康纳利深刻剖析了瘾君子渴望生活的绝望心理,使得观众在心灵上受到了强烈的震撼,让人不得不为她的演技折服,她也因成功塑造了扭曲的瘾君子形象而获独立精神奖提名。这一年,她还在埃德·哈里斯首次执导的影片——传纪片《波拉克》中饰演鲁思·克林曼。这是一部关于西方艺术领袖人物、美

詹妮弗·康纳利

走进科学的殿堂

国抽象派画家杰克森·波拉克的传记题材影片,康纳利在片中表现出了超强的性感和天赋。同时,她还频频在电视上亮相,并首次在节奏轻快的华尔街每周专栏中担纲角色凯瑟琳·米勒。

2001年,詹妮弗·康纳利与奥斯卡影帝罗素·克劳在罗恩·霍华德执导的《美丽心灵》中演对手戏,饰演患有精神分裂症的美国数学家小约翰·福布斯·纳什忠诚的妻子艾丽西娅·纳什。这是一个坚强的女性,她和纳什荣辱与共,始终无怨无悔,与命运抗争,终于使纳什于1994年获得诺贝尔奖。康纳利再次展现出了她的精湛演技,连克劳、霍华德这些大明星也丝毫不能掩盖住她的光芒。她凭借此片的出色表演,已先后获得了美国电影协会(AFI)、美国国家影评人协会、第55届英国电影学院奖和第59届金球奖最佳女配角奖,并荣获第74届奥斯卡奖最佳女配角提名,成为了夺标大热门。也许詹妮弗·康纳利已找到了她一直祈求的影片,至少已经找到了一条通向这个目标的途径。

詹妮弗·康纳利

美丽恬静的詹妮弗·康纳利,有着一头乌黑亮丽的秀发,浅蓝的眼睛、精美的轮廓,宛如年轻时代的伊丽莎白·泰勒。她能说一口流利的意大利语和法语,在好莱坞享有"才女"的雅称。在与比尔·坎贝尔分手后,1997年她与摄影师戴维·杜根的爱情结晶——儿子桑·卡伊

出生。2001 年，爱情路上颇为不顺的康纳利又与演员乔希·查尔斯（Josh Chades）相恋。目前，康纳利单身居住在日本，仍在考虑是否回到斯坦福大学完成她最后一年的学业。

康纳利接下来的新片是在 2003 年名导演李安执导的科幻片《绿色巨人》剧中，饰演女主角贝蒂·鲁思。这是一部改编自 20 世纪 70 年代同名漫画与畅销电视影集《绿色巨无霸》的影片。

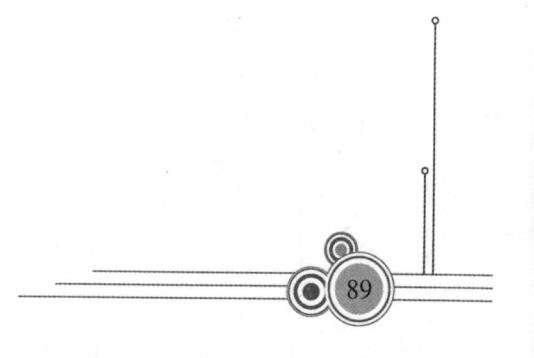

走进科学的殿堂

精英之城

第一位女首席大法官——桑德拉

桑德拉·戴·奥康纳，1930年3月26日出生于德克萨斯的埃尔帕索，成长于一个名叫"Lazy B"的大牧场。"Lazy B"是个坐落在亚利桑那州和新墨西哥州边界的648平方公里大的牧场，牧场里饲养了近2000头牲畜。那里离最近的城镇57公里，最近的邻居也在19公里以外。

桑德拉的妹妹安和弟弟艾伦分别出生于1938年和1939年，因此，桑德拉在其生命中的第一个8年内，都是戴家中的独生女。由于"Lazy B"农场地处偏远，桑德拉小时候没有什么伙伴，陪伴她的只有父母、农场的工人以及山猫、野猪等野生动物。生活在这样一个孤独环境中的桑德拉，在很小时候就学会利用各种不同的书来找乐子。同时，桑德拉的母亲每天也会花好几个小时来为女儿朗读《华尔街日报》、《洛杉矶时报》、《纽约客》、《星期六晚报》等多不胜数的报刊。到桑德拉8岁时，她还学会了修补栅栏、会像牛仔那样骑马、会使用步枪并学会了驾驶大卡车。

桑德拉·戴·奥康纳

西岸的"哈佛"——斯坦福大学

为了到雷德福私立女子学校上学,桑德拉·戴在5岁时便开始到埃尔帕索居住,跟她的祖母玛米·威尔琪住在一起。从幼儿园到高中,桑德拉都是在祖母的陪伴下度过的。在埃尔帕索生活了这么多年,祖母的坚强意志对桑德拉影响深远,而祖母也同样对她的这位大孙女寄予厚望。16岁高中毕业后,桑德拉顺利考入斯坦福大学,并在1950年以优异的成绩获得经济学学位。随后,她又到斯坦福大学法学院学习法律,还成为"优等生协会"的成员,在那里她曾和同班同学威廉·伦奎斯特(现任最高法院首席大法官)约会,还认识了她后来的丈夫约翰·杰·奥康纳。1952年,桑德拉从法学院毕业,成绩在102位学生中名列第三,同年,她与约翰·杰·奥康纳结婚。

毕业后的桑德拉马上开始找

桑德拉·戴·奥康纳

工作,志向是当一名律师,但由于性别关系,她无法在法律事务所找到工作,而就此于1952年成为加里福尼亚州圣马特奥县的副检察长。巧合的是,这次给她工作机会的首席检察官威廉·弗伦奇·史密斯,在30年后,同样成为将桑德拉推上最高法院大法官位置的中间人。对于第一份工作,桑德拉后来回忆说,"它对我此后的生活影响深远,因为从那以后,我才发现,我是多么热衷从事公共服务事业。"

桑德拉是少数能将事业与家庭的关系处理得如此之好的女人之一,这也成为了她的标志之一。任何了解桑德拉的人都会对她一边在法院上班一边照顾病重丈夫的做法钦佩不已。约翰·杰·奥康纳与桑德拉在斯坦福大学就读时相识，两人在一起讨论法律文案时互相赏识，最终走向婚姻之路。

约翰比妻子晚毕业一年，毕业后的他在驻扎德国法兰克福的部队服役。这对夫妇在德国待了几年后搬迁至亚利桑那州，两人在其后的6年内生了3个儿子，斯科特、布莱恩和杰。1958年，在大儿子斯科特出生后，桑德拉与合作伙伴汤姆·托宾在当地的一家大型购物中心开设私人法律业务。但在二儿子布莱恩出生后，桑德拉放弃了工作，从1960到1965年，她一直专心在家当全职主妇。

最小的儿子开始上学后她重新恢复全职工作。她担任了4年的亚利桑那州助理检察长，在此期间她逐渐以行事缜密闻名。1964年她成为巴里·戈德瓦特（保守主义共和党的代表人物）的选区主管，他们一直是亲密的朋友直到戈德瓦特去世。1969年，奥康纳被任命为亚利桑那州参议院议员以填补空缺。翌年她依靠自己的力量被选任参议员，1973年她成为多数派领袖。在一些共和党同僚的眼中，桑德拉在大多数议案的投票中都倾向于保守和中立，其中一个例外是，她支持了"男女平等权利"的议案。1974年，桑德拉在亚利桑纳高等法院法官选举中艰难胜出。共和党的领袖曾建议她竞选州长，但被桑德拉拒绝。1979年，桑德拉被州长任命为第一位高等法院法官。在她的倡导下，关于工人报酬、离婚、犯罪认定、不动产等等一系列法律得以修订或制订。21个月后，在1981年的8月19日，美国总统里根兑现了他竞选时的承诺——任命了桑德拉·戴·奥康

桑德拉·戴·奥康纳

西岸的"哈佛"——斯坦福大学

纳为美联邦最高法院大法官，这是美国第一位女性大法官。在被里根任命为最高法院法官之后，桑德拉已成为美国职业女性的典范人物，她同时还是一个好妻子、慈爱的母亲。早在当选为亚利桑纳州参议员时，桑德拉在电视上介绍她的家庭时就说过，"婚姻的誓约是如此之重要，以至于我此后的生活都是按照它的要求来进行。"

由于妻子的关系，约翰·奥康纳的事业受到了挫折，但夫妻间的感情并未因此受到影响。当桑德拉搬到华盛顿之后，约翰也跟着搬了过去。在妻子因为工作关系而到处旅行时，约翰一直陪伴在她左右，即使后来他的健康状况恶化，他也会陪着桑德拉参加国际性的会议。而桑德拉也在工作的同时照顾丈夫，没有因此而觉得不适。

奥康纳是美国首位联邦最高法院女法官，曾经被《福布斯》选为当今世界上最有权力的女人。1992年，她的关键一票帮助并维护了最高法院在1973年肯定堕胎的合法性；2000年美国的总统大选，也是她的一票，驳回了戈尔要求在佛罗里达州进行重新计票的请求，最终让布什入主了白宫。2005年7月1日，在最高法院担任大法官24年后，75岁的桑德拉·戴·奥康纳出人意料地宣布退休。这是美国联邦最高法院11年来首次出现空缺，也让布什总统任职以来首次有机会任命最高司法机构的法官。

布什对奥康纳评价说："在整个任期内，她始终做出了富有洞察力和明智的判决，她是一位真正的人民公仆。奥康纳法官的智慧、学识以及个人修养，为她赢得了同僚和国家的尊敬。"

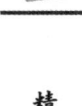

桑德拉·戴·奥康纳

走进科学的殿堂

货币主义的创始人——弗里德曼

米尔顿·弗里德曼,当代美国著名的经济学家,货币主义的创始人。

弗里德曼于1912年7月31日出生于美国纽约布鲁克林区一个犹太移民的家庭。1928年弗里德曼高中毕业,进入拉特格斯大学,主修数学。1932年毕业,获文学学士学位。他在大学时对经济学产生兴趣,进入芝加哥大学经济系。1933年,弗里德曼获芝加哥大学硕士学位。同年,弗里德曼由亨利·舒尔茨和哈罗德·霍特林介绍进入哥伦比亚大学。哥伦比亚大学的传统与芝加哥大学不同,但霍特林对数理统计学的研究,制度学派大师密契尔的经验研究,以及约翰·克拉克的经济理论对弗里德曼都产生了重大影响。一年以后,弗里德曼又回到芝加哥大学,当亨利·舒尔茨的助手,这时他认识了以后成为终身朋友的乔治·斯蒂格勒和阿伦·华立斯。

弗里德曼

1935年,通过阿伦·华立斯的帮助,弗里德曼到华盛顿的全国资源委员会参与消费者预算的研究工作,这项研究对他以后写《消费函数

西岸的"哈佛"——斯坦福大学

理论》有重要影响。1937 年，弗里德曼进入国民经济研究局，协助西蒙·库兹涅茨研究独立职业者的收入，他与库兹涅茨合著的《独立职业活动的收入》是他第一部成名作，也是他的博士学位论文。该书 1940 年完成，但由于国民经济研究局的一些理事对其中的某些观点有争论，在 1946 年才得以出版。同年，弗里德曼获得哥伦比亚大学博士学位。值得注意的是，在这本书中弗里德曼提出了以后成为他的消费函数理论中心的两个基本概念：持久性收入与暂时性收入。

弗里德曼

1940—1941 年，弗里德曼在威斯康星大学任客座教授。1941—1943 年，弗里德曼在美国财政部研究战时赋税政策。1943—1945 年，弗里德曼在哥伦比亚大学参加霍特林和华立斯领导的研究小组，作为一名数理统计学家研究武器设计、军事战术和冶金实验问题。1945 年，弗里德曼应邀到明尼苏达大学任客座教授。

1946 年，弗里德曼应邀到芝加哥大学任经济学副教授，1948

弗里德曼

年起任经济系教授，1962年起为保罗·斯诺顿·罗素讲座功勋教授。1950年作为美国战后马歇尔计划管理机构的顾问在巴黎工作了一个季度，在这一时期研究了浮动汇率问题。1953—1954年在剑桥大学担任富布赖特基金的客座教授，并与当时剑桥的凯恩斯派和反凯恩斯派都有交往。1964年曾作为戈德华特总统竞选的经济顾问，1968年任尼克松总统经济顾问委员会委员。从1966年起担任著名的《新闻周刊》杂志的专栏撰稿人，1977年退休后任斯坦福大学胡佛研究所高级研究员，1980年曾来中国访问，受到当时中国最高领导人的接见。

从20世纪50年代初期开始，弗里德曼发动了一场反对凯恩斯主义的论战，并取得了成功。由他领导的货币主义学派对经济理论和经济政策都产生过重大的影响，被称为"20世纪经济学的智慧巨匠之一"。他曾在1967年任美国经济学会会长，1970—1972年任国际自由主义者联盟的蒙特·帕林学会会长，是美国经济学会、计量经济学会、英国皇家经济学会等著名学术团体成员，获得过许多著名大学的名誉博士学位。

米尔顿·弗里德曼在多年的研究中，创立了货币主义理论，提出了永久性收入假说。"消费的分析和在货币的历史和理论方面的成就，以及他论证了稳定经济的政策的复杂性"，从而获得了1977年诺贝尔经济学奖。

弗里德曼喜欢名声，却肯定不喜欢人们仅仅将其视作一名"伟大的公共知识分子"。他说，评价经济学家的能力与贡献，不是发表了什么声明，而是他们在学术上的工作。在获得诺贝尔奖后，他说："我的经济学家同行对我未来五十年工作的评价，会比七位瑞典人目前的看法，更让我感兴趣。"事实上，他在学术界赢得尊敬比在公众中更为一致。媒体曾质疑他曾向智利独裁者皮诺切特提供经济咨询，而经济学的学生却无一不知道，这位弗里德曼在"消费分析、货币历史及理论、通涨与失业"问题上留下丰厚的遗产。在论文被引用次数上，弗里德曼在20

世纪的经济学家中排名第一,以致他成了"货币主义"的代名词。年轻时接受正统的凯恩斯经济学教育的劳伦斯·萨默斯在20世纪90年代回忆说:"在我年轻时他是魔鬼般的人物。只是随着时间的推移,我才开始勉强地对他产生尊敬。而随着时间的进一步流逝,我对他的尊敬越来越发自内心。"

尽管在1998年年度的美国经济会议上,在150名经济学家投票中,凯恩斯被评为20世纪"最有影响力"的经济学家,弗里德曼排名第二,但倘以"最伟大"评价,弗里德曼则成为第一。因为,他与哈耶克对自由的坚持在20世纪90年代末被证明是正确的,而弗里德曼在学术上表现更优,哈耶克则因为作品"过于通俗",从未被严格地视作经济学家。但从这一代伟大人物身上,最终印证了哈耶克著名的断言:只是个经济学家的经济学家就不可能成为一位伟大的经济学家。他们两人同是伟大的哲学家与演说家,深刻而广泛地改变了人们看待事物的方法。

弗里德曼

弗里德曼早期著作除了博士论文《独立职业活动的收入》之外还有《实证经济学论文集》(1953年)和《消费函数理论》(1957年)。1946年弗里德曼到芝加哥大学后曾受国民经济研究局主任伯恩斯邀请研究经济周期中货币的作用问题。这种研究的结果是1956年发表的《货币数量论——一种重新表述》,该文是弗里德曼货币主义的理论基础。在这方面的著作还有《稳定货币方案》（1959年）、《1867—1960年美国货币史》（与安娜·施瓦茨合著，1963年）、《通货膨胀：原因与后果》（1963年）、《货币最优数量和其他论文》（1969年）、《货币分析的理论结构》（1970年）、《名义收入的货币理论》（1971年）等。这些著作代表了当代货币主义的理论体系与政策分析，奠定了弗里德曼在经济学中的地位。在当代经济学中，弗里德曼属于主张自由放任的经济学家，他在这方面的著作有：《价格理论》（1962年、1976年）、《资本主义与自由》（1962年）、《自由选择》等。

弗里德曼

政治名人榜

西岸的"哈佛"——斯坦福大学

危机四伏的总统——胡佛

赫伯特·克拉克·胡佛生于爱荷华州,父亲为铁匠,在胡佛6岁时死去。母亲赫尔达·明索恩则在胡佛9岁时去世。孤儿胡佛和他的一个哥哥、二个妹妹先由叔叔阿伦·胡佛抚养,两年后胡佛住在了舅舅约翰·明索恩家。

由于家境贫寒,胡佛在学生时代仅以打零工才能勉强维持学业。20岁时,胡佛取得斯坦福大学地质学学位,成为该校第一批毕业生之一,后来成为一个采矿工程师。1897年,胡佛与罗·亨利结婚。亨利受过良好的教育,婚后成为胡佛的贤内助,他们有两个儿子。胡佛被一家公司所雇用去了澳大利亚,次年来到中国,在一家私人陶金公司工作,作为中国主要的工程师。他妻子在

胡 佛

医院内工作,曾经冒生命危险援救中国孩子。

当时,开采金矿的水平低,滤过矿金后就丢弃了。胡佛凭借他掌握的化学知识,断定这些"废物"中仍有尚多的黄金,于是便搞起他的"废物利用"来了,并开了属于自己的公司。他雇人用氰化钠的稀溶液处理矿砂,于是氰化钠与之发生化学反应,使 Au 呈络合物而溶解。接

政治名人榜

走进科学的殿堂

着他又让人用锌粒与滤液作用,置换反应的结果,纯净的 Au 也就被提取出来了。

显然,这种炼金方法在当时是较为先进的。因而,成色尚好的黄金便源源不断地流进了胡佛的腰包,不久后他就成了百万巨富。

胡佛一生经历的几个阶段,就其个人事业而论可称"成功"。他发迹之快,非一般人所能比拟。到 1914 年,他已经拥有了 400 万美元的财产,他以这些财产为后盾逐步步入政界。第一次世界大战期间,胡佛曾任食品管理局局长,1921 年任商业部长。

政治名人榜

第一次世界大战图片

1928 年,腰缠万贯的胡佛受共和党总统候选人的提名并获胜,终于登上了美国第 31 届总统的宝座。在竞选总统时,他曾说:"今天,我们美国比以往任何时候都更接近于最终战胜贫困",预言"每家锅里有一只嫩鸡,车房中有两辆车。"可是不久就被经济危机无情粉碎

西岸的"哈佛"——斯坦福大学

了。危机期间,他曾设法使赔款和战债延期一年支付,也曾向国会提出挽救危机的纲领,但坚决反对由国家援助失业的群众,他被嘲讽为"饥饿总统"。

胡佛竞选总统时极力鼓吹自由放任哲学。1928年10月22日,他在

胡 佛

"靠奋斗的个人主义哲学"著名演说中说:"美国制度是建立在一种自治政府的特殊概念之上而以地方分权为基础的"。"美国制度是个人奋斗的自由放任主义","正是通过这种创造性和事业心,我们的人民才变得无比强大。""如早有人要研究欧洲恢复延缓的原因,他就会发现,其主要原因,一方面是由于抑制了个人主动性,另一方面是由于政府管事过多"。他说:"在这次竞选运动中,又重新出现了一系列建议,如

走进科学的殿堂

果这些建议被采纳,就将是朝着放弃美国制度、向由政府管理工商业的毁灭性作法投降迈进了一大步"。"我目睹了国内外的政府干预商业的失败,我已经看到了它所产生的不公正和自治政府的毁灭,以及对推动我国人民取得进步的个性的破坏作用"。他认为"共和党使政府回到了公断人的地位,不再做游车场上的参加人"。"把自由主义解释成政府可以操纵商业贸易,这是一种虚假的自由主义,它极大地毒害了自由主义的根基"。胡佛在这里鼓吹的个人主义就是企业主、资本家的自由竞争,自由放任,不受约束;他主张政府对经济事务的干预应该减少到最低限度,对于经济灾难、社会贫困等问题采取私人自愿捐助与合作的解决办法。因而有人把1922—1932年称为自由放任的10年。

胡佛就任总统后,在1929年12月8日第一份年度国情咨文中就强调地方政府是美国自治的基础,尽管经济情况不佳,只要把权力交给大企业,问题就会迎刃而解,联邦政府还是少管闲事为妙。

可是胡佛上台后,正赶上世界性的经济危机,美国经济坠入深渊,这使他原来希望依靠美国科学潜力来开辟一个"新时代"的愿望破灭。尽管他进行了不少努力,但危机一天天加重,他苦无对策,弄得全国上下怨声载道,局势一发不可收拾。胡佛是一位能力较差的总统,在大萧条面前束手无策,毫无建树。

"除了赫伯特·胡佛之外,几乎没有其他美国人曾听到过更热烈的赞颂或更尖刻的批评。"赫伯特·胡佛总统图书馆和博物馆举办的胡佛生平展以这句话作为开场白。"他在1928年以压倒优势当选美国第31任总统,然而在短短几个月的时间里,这位世界闻名的英雄竟在自己的国土上变成了替罪羊。时至今日,人们仍不免将胡佛与20世纪30年代的那场大萧条联系一起,它让几百万美国人丢了饭碗。"在1932年大选中,胡佛被民主党的罗斯福击败。

在1947年,杜鲁门总统任命胡佛担任委员会成员,选举他为主席,

西岸的"哈佛"——斯坦福大学

改组执行部门。他在1953年被任命为艾森豪威尔总统的委托主席，退休后，他著书立说，著作颇丰。

胡佛作为美国近代的一位总统，在美国有着相当大的影响。毕业于斯坦福大学的胡佛，生前将大量的文物、资料、古玩等捐献给母校，供建立胡佛研究所之用，其中有相当一部分文献资料和物品是他在天津生活期间的实物和文件，这里是美国人了解中国和亚洲的基地。历经几十年，这个民间研究机构目前已成为美国白宫研究亚洲及中国问题的权威咨询机构，它在美国国会和政府中拥有大量的会员，在美国主流社会具有相当大的影响力。现在美国参众两院，凡涉及中国的问题，都要去胡佛研究所咨询。

杜鲁门总统

抛开那一段短暂而艰难的白宫岁月，胡佛的一生还是多姿多彩的。正如胡佛总统博物馆所述："胡佛作为一名采矿工程师享誉世界。全世界都感激这位'伟大的人道主义者'，是他在第一次世界战期间及战后为被战争蹂躏的欧洲提供了粮食。"

1964年10月20日，胡佛逝世于纽约。

走进科学的殿堂

第一位印地安血统的总统——托莱多

1946年3月28日,具有印地安血统的托莱多出生在秘鲁安第斯山区卡瓦纳地区一个有16个孩子的大家庭里。托莱多的父亲是一个泥瓦匠,他的妈妈是在街市上卖鱼的小贩。迫于生计,托莱多家的孩子过早地体味到了生活的艰辛。当别的小朋友们还在无忧无虑地享受童年快乐时光的时候,小托莱多已经背上一个和他身材极不相称的鞋箱,每天从早到晚在熙熙攘攘的大街上给过往的行人擦皮鞋挣钱。为了帮助父母养家糊口,年纪小小的他还做过许多工作,比如做牧童和流动小贩。虽然这些事情已经过去了很多年,可托莱多并没有忘记这些儿时的经历。然而,托莱多却从来没有抱怨过他的家庭,相反,他一直都以成长在这样的家庭里而感到自豪。他说:"我有一个博士学位,叫做贫穷博士,因为我曾经在贫穷中

托莱多·曼里克

政治名人榜

106

西岸的"哈佛"——斯坦福大学

挣扎。

　　小托莱多的学习生活是在契克拉约城开始的。他在米纳瓦小学读完小学课程后，又在当地的一所学校完成了中学课业。由于家中孩子多，父母根本无暇顾及到孩子的学习。而聪颖的托莱多学习一直名列前茅，从来没有让父母操过心。在众多的课业中，托莱多十分偏好文学，他曾多次在学校作文比赛中获奖，并积极向契克拉约地区的一家报社投稿。虽然学习成绩优秀，但对于出身贫困的托莱多来说，大学的学费就像是天文数字，而接受高等教育也只是一个可望而不可及的梦。所以托莱多还没有中学毕业，就已经找到一份报社通讯员的工作，希望早日自力更生。但也许是幸运之神特别眷顾勤恳好学的托莱多，在高中毕业前夕，他竟然接到了由美国旧金山大学所提供的奖学金。不久，年轻的托莱多提着简单的行李只身来到了遥远的美国，开始了新的生活。

　　在大学的日子，学习占据了托莱多大部分的时间。几年的大学时光转瞬即逝，托莱多顺利地取得了经济学的学士学位。然而，好学的托莱多并没有就此满足，1971年，他又开始在美国著名的斯坦福大学攻读经济学硕士，后来又攻读了人类资源经济学硕士。经过苦读，托莱多最终被授予经济学博士学位。作为一名年轻的经济学家，托莱多开始活跃在经济学领域里。他曾任前联合国、国际劳工组织官员，并担任过世界银行的顾问。1991年至1994年，托莱多以教授的身份在哈佛大学任教。此外，他还

托莱多·曼里克

政治名人榜

走进科学的殿堂

在秘鲁首都利马的一间商务学校里担任过主任。

1995年托莱多首次以"秘鲁可能党"候选人的身份参加秘鲁总统大选。虽然，当时他只得到4%的选票，但是他并没有灰心。2000年，托莱多开始了新的冲击，他的支持率在选举中不断上升，与连任2届总统的藤森不分仲伯。一个出身卑微的人想在那里挤入上层社会就很困难，更不要说能够获得竞选总统资格。然而，托莱多却凭借自己不懈的努力，从擦鞋童变成了一位享有世界声誉的经济学家，并且有机会问鼎总统宝座。

有许多人认为托莱多的生活就好像是"安第斯神话故事"。因为出身卑微的他不仅有机会进入美国著名大学读书，而且，他更在斯坦福大学遇到了自己的"亲密爱人"——埃利亚内·卡尔普，并与她共同谱

托莱多·曼里克

政治名人榜

108

写出爱的篇章。卡尔普的父母是比利时人，而她出生在法国巴黎，后又随家人移居美国，并获得美国国籍。长着一头红发的卡尔普是犹太人后裔，对于宗教十分虔诚，经常去以色列访问。他们带有几分异国情调的爱情开始于20世纪70年代。当时，托莱多和卡尔普同在斯坦福大学攻读硕士学位。有一天，他们两人相遇了，于是一场不分国籍，不分阶级的恋情也由此拉开了序幕。在不断的接触中，他们两人渐渐走到了一起，并且决定在今后的生活道路上终身为伴。但是，他们的婚姻并非一帆风顺，阻力来自卡尔普的父母。他们以宗教信仰等理由，坚决反对女儿和这个外国的"穷小子"结婚。然而，深爱着托莱多的卡尔普并没有在父母的反对面前动摇自己嫁给托莱多的决心。就这样，他们在1979年结婚了。但是，卡尔普的父母也没有因为女儿的坚持而认同这桩婚事。在他们婚后的许多年里，他们一直不与托莱多夫妇联系，直到外孙女昌塔尔出世才使他们和女儿女婿的关系有所缓和。

"一个成功男人的背后总有一个女人为他默默奉献"，这正是托莱多和卡尔普的真实写照。在丈夫的竞选活动中，卡尔普发挥着举足轻重的作用。在竞选期间，卡尔普为丈夫出谋划策。她建议丈夫放下知识分子的架子，积极参加在街头举行的拉票活动。为了丈夫能得到更高的支持率，卡尔普频频在电视上发表演讲。大选中，曾传出许多关于托莱多的负面消息，比如传说他育有一个私生女，或是可卡因尿样检测结果为阳性等等。面对这些流言蜚语，卡尔普给予了丈夫最大的信任和精神支持。当在接受记者采访时，卡尔普极力为丈夫辩解，并说："我非常了解和我生活在一起的人！"为了丈夫的事业，卡尔普默默地奉献着，无怨无悔。然而，这并不等于卡尔普放弃了自己的事业，作为一名优秀的人类学家兼经济学家，卡尔普也有自己的一片天地。她除了在世界银行任职外，还坚持为秘鲁印地安人服务。在当地人眼中，卡尔普就是他们的女英雄。

走进科学的殿堂

托莱多曾骄傲地说："我是一个梦想家。"而从托莱多传奇的人生经历中，我们真真切切地看到了一位梦想家如何把自己的梦想变成了现实，但是托莱多的梦想中并不仅仅只有他一个人。托莱多认为，如果他能就任秘鲁总统，他将为那些和他一样出身贫困的人作出榜样，并给予他们希望和梦想。正如他所期望的，他传奇的经历为秘鲁千千万万平凡百姓打开了梦想之翼，他们为托莱多而疯狂。在秘鲁的总统选举期间，托莱多游历全国，四处宣传他的竞选纲领。一系列的宣传活动中，他的支持率不断上升。有时，人们为了一睹托莱多的风采，几百甚至几千人站在马路上等候，把整条大街堵得水泄不通。当他的车队出现时，人们传出阵阵叫声、欢呼声，震耳欲聋。

托莱多·曼里克

2001年4月，托莱多第三次参加大选，并于同年6月在第二轮选举中获胜，当选为秘鲁总统，同年7月宣誓就职，任期至2006年7月。

政治名人榜

西岸的"哈佛"——斯坦福大学

新格林斯潘时代

本·伯南克，书生气质的经济学家，美国现任联邦储备局主席。

本·伯南克1953年12月13日出生于佐治亚州的奥古斯塔，父亲是当地的药剂师，母亲是学校老师。伯南克从小就表现出知识方面的潜质，读高中时他考出了佐治亚州SAT考试最高分，并差一点赢得全国拼写锦标赛冠军（他因在"edelweiss"这个单词中多加了一个"i"而败北）。

1975年，伯南克在哈佛大学以最优成绩取得经济学学士学位，并于1979年在麻省理工学院获得经济学博士学位。

在麻省读书时，他对美国经济大萧条的原因产生了浓厚的兴趣，并一直关注通货紧缩带来的威胁。1979年至1983年，伯南克担任斯坦福大学研究生院经济学助理教授。

1983年至1985年，本·伯

本·伯南克

政治名人榜

111

走进科学的殿堂

南克博士担任斯坦福大学研究生院经济学副教授时，发表了一篇有影响的论文，分析了20世纪30年代经济停滞的根源。他并不重视美联储允许货币供应下降而造成的损害，而将关注重点转移至金融系统失灵的问题上。

1985年至2002年间，伯南克在普林斯顿大学担任经济学教授和经济系主任。1996年至2002年，他出任普林斯顿大学经济系主任。

普林斯顿大学一景

在被任命进入美联储供职前，他在公共政策方面的经验基本上局限于新泽西蒙哥马利镇教育局的6年工作。2002年8月5日，伯南克成为联邦储备系统管理委员会（联邦储备委员会）成员，开始了他的从政生涯。对此，他的好朋友评价道："伯南克认为将货币政策由理论向实际操作转变是一个十分有意思的事情，很快他就适应了其中的环境并渐入佳境。"

2004年6月，伯南克博士被乔治·W·布什总统调离美联储，让他

西岸的"哈佛"——斯坦福大学

担任总统经济顾问委员会主席。伯南克觉得时机到了,他以 63 万美元的价格出售了新泽西的房子,并在华盛顿购买了价值 83.9 万美元的新住所。在那时,他就告诉他的朋友们,他要抓住一个机会,这个机会能让他从一名极其普通的联储官员摇身一变成为最重要的政治角色之一。如今,伯南克终于梦想成真了!

自 20 世纪 70 年代起,每一位美联储主席走马上任后不久,都会遇到棘手的经济问题需要处理。1987 年 8 月,格林斯潘临危受命,接替另一位传奇人物保罗·沃尔克,当时人们也是抱有怀疑的态度,但随之而来的美国股灾就让人们领略了格老的威力。10 月,也就是格林斯潘上任刚刚两个月之时,美国股市就爆发了"黑色星期一",道指一天狂

本·伯南克

泻500余点。但格林斯潘临危不乱，迅速制定应急计划，向银行界提供现金支持，从而使美国成功度过股灾。相信本·伯南克也不会例外，如何在前任格林斯潘缔造的神坛上开创自己的时代，成功解决格林斯潘时代留下的后遗症是摆在伯南克面前的两项重大任务。

目前，美国政府庞大的财政赤字和房地产市场的泡沫是受指责最多的两个后遗症。美国财经杂志《经济学家》就在2006年1月刊登封面文章《美国步入了危险时代》，文中指出，格林斯潘离任后留下的是美国历史上最严重的经济不平衡，美国经济的近期繁荣主要来自于货币政策的刺激。2000年IT泡沫破灭后，美国本该有一次衰退，对经济作出调整，但是，格林斯潘却通过自2001年至2003年6月连续13次降息，将利率从6%降至46年来的最低点1%。感谢经济全球化、新科技及其带来的弹性空间，使商品价格降低，热钱没有导致传统的通货膨胀，反而提高了资产的价格，先是债券，而后是房地产。《经济学家》杂志长期以来都对格林斯潘的利率政策持有反对意见，认为格老在20世纪90年代末没有有效遏制住股市泡沫，在股市泡沫破灭后，又通过长期实行低利率政策创造了一个房地产泡沫。

美国人的过度消费，很快反映在贸易赤字上，但亚洲央行不断把赚来的美元送回美国债市，弥补了美国的资金不足，压低了美国利率。在经济繁荣之下，一个全球性的不平衡逐渐形成。澳大利亚的经济学家早在本世纪初就将这一虚假繁荣做了形象的比喻："也许一个人用自己的家具取暖是一种权宜之计，但他不能欺骗自己，说自己找到了一种取暖的新方法。"

在此期间，对冲基金泛滥又令不平衡带来的不确定性大增，加大了全球经济的风险。经济学家们估计，目前全球共有1万亿美元对冲基金，利用低利率条件下的融资杠杆，成为兴风作浪的主要工具。而这时，美国政府并没有把注意力集中到减少美国过度消费上，反而以邻为

西岸的"哈佛"——斯坦福大学

垫,让美元贬值,并责怪中国没有将人民币升值,以致亚洲国家都不愿升值货币。

另外,2001年,布什政府实施了减税措施,格林斯潘对此进行了关键性的支持,认为减税有助于刺激当时低迷的经济,促使国会通过了这项造成税收大减的方案。而现在,税收的减少正造成美国联邦庞大的赤字。而在2005年3月份的参议院听证会上,格林斯潘就已经坦承,减税措施是错误的。

因此,如何让美国摆脱庞大的财政赤字和房地产泡沫这两座大山,是伯南克上任后亟待解决的问题。针对"全球储蓄过剩"与房地产泡沫,伯南克曾指出,在经历低迷后的世界经济复苏后,企业投资欲望低迷,而大量的金融资产在国际上到处寻找投资目标,美国乃至多国股市的崩盘仍使不少资金持有者心有余悸,于是,住宅房地产便成为最受青睐的投资领域之一。资金进入美国后,首先抬升股价,从而既鼓励消费者也鼓励投资者。当股市资金充溢时,这些资金又转向债券市场,导致房价上升,消费更加活跃。

作为共和党人,伯南克从未流露过明显的政治倾向,"政治独立"可以使美联储保持相对的独立,维持价格稳定。作为经济学家,伯南克素以言论坦率、行事低调闻名,他的一大优势是将

本·伯南克

复杂的经济学术语转换成平实的语言。作为即将上任的美联储主席,伯南克和格林斯潘在货币政策上的最大区别在于目标通货膨胀政策和目标价格水平政策这两个央行制定货币政策时的指导思想。

伯南克一直是目标通货膨胀政策的大力倡导者,他认为一个成熟并且得到有效执行的通货膨胀目标可以带来产出、就业以及通货膨胀等多方面的良好效果,而设立正式、公开的通货膨胀率目标,比如1%—2%的区域内,由央行负责维系,则有助于指导政策,确保央行将重点放在保持物价稳定的长期目标上,有助于提高美联储的透明度以及履行美联储维持低通胀率的职责。当然他也表示,如果真的让它成为一个正式目标,最佳利率仍有待于美联储的仔细研究。

但是,目标通货膨胀政策并非十全十美,为了控制住目前的通货膨胀率,需要控制住个人和企业对通货膨胀率未来走势的预期。

本·伯南克

但无论如何,短期内伯克南大刀阔斧进行改革的可能性不大,因为伯南克在获提名后当即表示,他将尽一切力量,与美联储的同僚合作,

以协助确保美国经济维持繁荣稳定。他说:"我们所了解的最佳货币政策是在格林斯潘任期内演化出来的,而货币政策将会继续演化。当然,若获通过任命,我的最优先事项将是维持格林斯潘任期内政策的延续性及其任期内所建立的政策策略。"随着伯南克的逐步到位,其经济主张同样将在任期内得以展现,可能会对现行经济政策进行适度调整,设置固定的通货膨胀目标将是预料当中的一步棋。

银行家与经济学家将拭目以待,看他是否会更加轻松地调整适应新角色。"他或许感觉有必要自我审查,把他有趣的想法与美联储的同事们分享,而不是与范围更广的人分享,"汇丰银行首席经济学家史蒂芬说,"他将必须展示领导能力,而不是许多与众不同的观点。"高盛经济分析负责人吉姆认为,对伯南克的选择已被金融市场欣然接受。

"他被认为是格林斯潘的合适接班人,"奥尼尔先生说,"无疑他能够提供睿智的领导。虽然如此,正如每位美联储新主席会遇到的,考验将在于当有问题出现时,他是否能提供政策上的领导能力。"

2005年10月24日,美国总统布什宣布提名白宫经济顾问伯南克接替于2006年1月31日退休的联邦储备局主席格林斯潘。11月16日,伯南克通过了美国参议院金融委员会批准,在获得参议院投票通过,于2006年2月1日正式担任美联储第14任主席。

很多国家都纷纷表示欢迎伯南克出任美国联储局主席。日本央行行长福井俊彦表示,期待与伯南克建立密切关系,加强合作。而欧洲央行行长特里谢就表示,伯南克是一名受尊重的央行官员,期待与他紧密合作。特里谢希望可以与格林斯潘一样,与伯南克建立互信及友善的个人关系。而英伦银行行长金恩就表示,要跟随格林斯潘的管治理念并不容易,但他认为,全球都会欢迎伯南克成为联储局主席。

本·伯南克博士主要著作包括货币和宏观经济学,他出版过两本教材。他获得过Guggenheim和Sloan奖学金,他是美国计量经济学会和美

走进科学的殿堂

国艺术与科学学会的会员。本·伯南克博士曾担任美国经济研究局货币经济计划主任,也曾担任美国经济研究局商业周期协调委员会成员。2001年7月,他被任命为《美国经济评论》编辑。此外,他还担任过一些民间和专业组织的工作,如出任纽约 Mont－gomery 小镇教育委员会的成员等。

伯南克在美国经济金融界的影响力仅次于格林斯潘,因为在过去短短的三年间,发表了大量的演讲,这些演讲拉近了他与社会公众之间的距离,也让他成为最受欢迎的联储官员。据说,美联储政策观察员除了细读格林斯潘的讲话之外,就是琢磨伯南克说些什么。

伯南克有一个绰号"印刷报纸的本",这个绰号起源于他与格林斯潘在通货膨胀问题上的分歧,公众赐予伯南克这个雅号是基于他的一个观点:如果有需要,就可以通过大量印刷钞票的方法来增加流动性。

本·伯南克

巾帼英雄

中國改造

西岸的"哈佛"——斯坦福大学

好斗的"公主"——赖斯

康多莉扎·赖斯,黑人,1954年11月14日出生于美国亚拉巴马州的伯明翰,美国前任国务卿。

虽然在赖斯的出生地种族隔离盛行,但她并没有像大多数黑人那样受到种族歧视的伤害。因为赖斯的父亲在取得神学硕士学位后,接管了由赖斯祖父创立的教堂,后来他担任了丹佛大学副校长。到赖斯出生时,这个黑人家族已有了比较高的社会地位。

赖斯小时候是个"神童"。她从小就跟着当小学音乐教师的母亲学弹钢琴,4岁时就开了第一个独奏音乐会。她的学习也很出色,跳了两次级。赖斯家相信一条严酷的真理:只有当孩子们做得比白人孩子高出两倍,他们才能平等;高出三倍,才能超过对方。

赖斯

1965年,11岁的赖斯随父亲来到首都华盛顿。在白宫参观时,父亲鼓励她长大后要当美国总统。她回答说:"早晚我会在那座房子里工作的。"

但这位"神童"在学业上并非一帆风顺,而是经历过几次挫折。

走进科学的殿堂

1969年，她随父亲迁居丹佛后，第一次在学习上遇到了困难。学校的顾问对赖斯的父母说，赖斯"不是一块上大学的料"。赖斯惊呆了，但她还是以"加倍地好"为目标继续努力。后来，她不仅学习成绩优秀，还把网球和花样滑冰玩得很出色。

赖斯16岁进入丹佛大学音乐学院学习钢琴，梦想成为职业钢琴家。但是，在著名的阿斯本音乐节上，她受了打击。"我碰到了一些11岁的孩子们，他们只看一眼就能演奏那些我要练一年才能弹好的曲子，"她说，"我想我不可能有在卡内基大厅演奏的那一天了。"

丹佛大学一景

赖斯开始重新设计自己的未来。她发现了新的目标——"国际政治概况"，教授是前国务卿玛德琳·奥尔布赖特的父亲约瑟·考贝尔。"这一课程拨动了我的心弦，"她说，"这就像恋爱一样……我无法解释，但它的确吸引着我。"赖斯从此转而学习政治学和俄语，并找到了她一生追求的事业。

1981年，27岁的赖斯取得博士学位后，进入斯坦福大学国际安全和军控中心继续从事研究。不久，她被斯坦福大学聘为助理教授。

1987年，斯坦福大学的一次晚宴改变了赖斯的生活轨迹，帮她实现了当年的"白宫梦"。当时，她在简短致辞中指出了大名鼎鼎的斯考克罗夫特讲话中的不妥之处，这却让台下的斯考克罗夫特感到后生可畏，相见恨晚，他还专门到赖斯的课堂上听了一次课。1988年大选后，斯考克罗夫特成为老布什总统的国家安全事务助理，他把赖斯揽到门下，让她主管苏联事务。

在老布什总统任内，苏联解体，东欧发生剧变，柏林墙倒塌。赖斯为此在幕后出过不少力。老布什曾说："我对苏联事务的所有知识都是她传授给我的。"老布什卸任后，赖斯回到斯坦福大学教书，一年内就升任学校第二把手——教务长。她还常到老布什家中做客，老布什把她当作女儿一样看待。

1995年小布什当选为得克萨斯州州长，老布什感到赖斯可能对儿子的前途有用，于是便安排赖斯与小布什见面。同为体育迷的小布什与赖斯一见如故，聊了很多关于棒球的逸事。此后，他们互相赢得了对方的尊重和友谊。小布什曾这样评价赖斯："美国将会发现她是一个聪明人，我相信她的判断。"

小布什当选美国总统后，赖斯担任了总统国家安全事务助理。她十分敬业，常常是早晨第一个见到总统、晚上最后一个离开总统的人。

在外交领域，跳过芭蕾的赖斯长袖善舞，足智多谋。她是布什的"导师"和"秘密武器"，影响力甚至超过国务卿鲍威尔。美国很多对外政策出自她的"锦囊"。当初，美国不顾国际社会的反对，执意发动伊拉克战争，导致美国与欧俄之间出现龃龉。布什对此一筹莫展，赖斯

走进科学的殿堂

给他支了三招：教训法国，忽略德国，宽恕俄罗斯。后来，布什采纳这一"妙计"，在一定程度上分化了法德俄之间的一致立场。

赖斯有一个外号——"好斗的公主"，一方面因为她的强硬对外政策和现实主义理论，另一方面则是由于她的个性。她经常笑容满面，很少高声说话，但骨子里充满了坚定的决心和力量。一次，前国务卿基辛格没有预约就突然来到总统的椭圆形办公室，想向总统进谏，没想到被赖斯挡了驾。她说："今后一切涉及美国外交的事都得经过我，任何人都不得例外。"基辛格气得吹胡子瞪眼却又无可奈何。

赖斯

赖斯也受到很多尖锐的批评，首先是她的强硬对外立场。一些欧美媒体认为，赖斯正在成为美国新保守主义的代言人。此外，她的领导能力也受到怀疑。《华盛顿邮报》报道说，很多官员抱怨，从协调政府部门间冲突方面看，她是近年来最弱的总统国家安全事务助理。部分原因是布什允许切尼和拉姆斯菲尔德在国家安全委员会管辖外行动，从而妨碍了赖斯的工作。"9·11"事件调查委员会在报告中对赖斯的责难尤为严厉，认为她在2001年上半年未能认真对待重大恐怖袭击的情报。

在国务卿鲍威尔辞职时，她被布什总统

赖斯

提名接任国务卿,被媒体称为华盛顿"最有权力的女人"。赖斯接替鲍威尔,是意料之中的事。赖斯曾经是"华盛顿最红的人",已经积累了不少政治资本。2004年8月,美国《福布斯》杂志评出世界100位最有影响力的女性,赖斯名列榜首,而美国第一夫人劳拉·布什屈居第四,前第一夫人希拉里则排在第五位,甚至有专栏作家在《纽约时报》上预测,赖斯有可能"飞得更高"。

走进科学的殿堂

世界第一女 CEO——卡莉

卡莉·费奥瑞纳，原名卡拉·卡尔顿·斯尼德，1954 年出生于牛仔的故乡——美国得克萨斯州的奥斯汀（"卡莉"这个昵称是上大学时起的，费奥瑞纳则是她第二任丈夫的姓氏）。

卡莉的父亲是一位宪法专家，而母亲是一位肖像画家。从幼年时起，卡莉便跟随父亲游历了三大洲，在 5 所不同国度的学校学习，这让卡莉·费奥瑞纳具有很强的适应性。

在斯坦福大学，卡莉的专业是中世纪历史，她完全沉浸其中，就像个"书呆子"。其间，潜心于宗教著作研究的卡莉锻炼了自己提炼文章菁华的能力，这为她在以后的职业生涯中能够迅速抓住问题的核心，用最短的时间想出令人印象深刻的口号打下了基础。

卡莉·费奥瑞纳

毕业后，卡莉在社会上游荡了一两年。其间，她有过一次失败的婚姻。

1978 年，卡莉进入马里兰大学商学院学习，这是卡莉生命中一个重要的转折点。在这里，卡莉开始对商业管理产生了兴趣。"我掌握了

巾帼英雄

126

西岸的"哈佛"——斯坦福大学

营销、运营，还有一些统计数字的技能。更重要的一点是有教授经常质疑我，挑战我，让我以新的眼光看待我的生活。我想在很大程度上这就是所谓领导力的内容。"

卡莉·费奥瑞纳

1980年，卡莉在AT&T公司谋到了一份实习经理的差使，负责推销长途电话业务和电话设备。这是一项困难而又乏味的工作，但她投入了全部精力，下定决心要成功。如同其他勤奋且富有上进心的年轻人一样，她经常加班到凌晨两三点，在餐桌上也不忘制定每周工作计划。她很快展现出非凡的推销及与人沟通的本领，信守承诺且行动迅速。20世纪90年代初，由于经常出现持续好几个小时的电话交换中断，负责芝加哥市区电话业务的美国科技公司总裁鲍勃·诺林对AT&T越来越恼火。当他得知费奥瑞纳是该项业务的负责人时，决定"给她点颜色看看"。卡莉承诺尽快解决这一问题，并对鲍勃说："这是我从您这么重要的客户那里接到的第一个电话，因此我们之间一定缺乏联系。"巧妙的恭维使鲍勃·诺林的敌意顿时冰释。第二天，卡莉坐飞机去了芝加哥，认真听取了诺林详细介绍情况，并迅速解决了他的问题。卡莉不仅挽救了一个重要的客户，同时也奠定了此后与鲍勃·诺林长达十几年的私人友谊。后来，鲍勃·诺林成为卡莉在惠普公司董事会中最忠诚的盟友。

在同事和朋友们眼中，卡莉·费奥瑞纳拥有非凡的戏剧细胞。如同其他许多杰出人士一样，她通常把自己看作一场永不落幕的善恶斗争中的中心角色，内心充满激情且永不妥协，这令她看起来富有英雄色彩。她把这种激情带到了日常工作中，感染她的顾客、同事和上司。

1995年9月，卡莉·费奥瑞纳参与领导了最终令她享有盛名的活动：让朗讯科技上市。这家拥有12万名员工的电话设备公司即将从AT&T中分离出来。在路演前，高层中的很多人打算把这家新公司定位为有着119年历史的AT&T传统的忠实继承者。但卡莉强烈抗议，认为这是错误的，她认为唯一正确的做法是赋予公司一个崭新的定义。她把公司命名为朗讯（意即"光亮的"），希望让人联想到日出、胜利和高瞻远瞩的领导者所带来的光辉。她力主采用一个大胆的公司徽标——这是她从废纸篓中翻拣回来的——一个匆匆用红油漆画出来的圆圈，由于油漆用光了而出现了白色断痕。这个具有号召力的标志传达的意思是企业的原动力是如此地新颖、迅猛而大胆，以至于人们没有时间把缺口补上。朗讯要按照明日企业的标准塑造自身，她坚持不懈地与同事和律师辩论，直至他们屈服。朗讯不再是保守的电话设备制造商，而是一个崭新的通信网络产业的先行者。

这样一个"新经济故事"满足了投资人的口味，随着巡回路演经过一个又一个城市，周围聚集了越来越多的人，讲台上的费奥瑞纳迷倒了所有听众。多年之后，严肃的投资专家仍然记得朗讯上市那天她身穿鲜红套装的样子（在此后的很多重要场合，卡莉都以红色出场）。他们记得她的微笑、她的手势，尤其是在演讲即将结束时，她抛开了所有的一切，只用她的自信来感染

卡莉·费奥瑞纳

人。投资银行家们投入了超出预期的30亿美元。

卡莉是在这样的预言中来到惠普的：她太过缺乏经验，太过华而不实，太过另类，她无法胜任这家传奇性硅谷企业的首席执行官。

1999年3月，卡莉的名字上了正在为惠普寻找CEO的猎头的名单。一位猎头说："令我印象最深的是，在她的事业生涯中，她常常被置于困难之中，除了一次外，她每次都能解决问题。她有自己的一套办法。她进入一个领域之后，会首先花很长时间倾听。她深信企业内部其实有很多正确的想法，人们只是认为自己没有权力把它们实现。她会倾听客户的意见，然后她会把事情分类，分成人们应该不再做的事、应该努力去做的事，以及应该尝试一下的新方向。"

在惠普CEO的角逐中，让卡莉在竞争对手中脱颖而出的是，当时其他候选人都忙于推销自己的才干，只有卡莉一针见血地直指董事会的忧虑：惠普的问题不在于是否应该变革，而在于应该怎样变？变成什么样？

在卡莉入职HP之前，由HP多名高层领导组成的寻访委员会，每个人都列出了他们希望新任CEO所具备的20项品质明细表，然后再将它们浓缩成4个关键标准。委员会一共审查了300名候选人，其中有4人符合上述标准。"卡莉是其中最优秀的。其实我们认定她就是HP的CEO已经有很长一段时间了。"

1999年7月15日，卡莉签署了合同，正式成为惠普新一任首席执行官。她说："在惠普的工作将是一生中只有一次的机会。"突然之间，惠普有了一位明星式的

卡莉·费奥瑞纳

走进科学的殿堂

首席执行官。

卡莉在着手惠普的改革时，遇到了重重困难。由于在重振惠普品牌形象的工作上投入了大量精力，很快便有批评的声音，认为她只不过是一个出色的销售或营销人员。

卡莉想做的事很多。她希望集中对公司的控制权，集中梳理互联网战略；还希望重振销售队伍的活力，降低成本；向员工灌输紧迫感。她坚信，如果她能把惠普在过去几年里犯下的错误都纠正过来，公司伟大而持久的力量就会再次显现。卡莉立即着手采取行动，推行她的新战略。1999年8月，在高级经理会议上，她直截了当地告诉经理们她要加强集权，负责营运的经理们非常震惊。卡莉的前任普拉特给了他们很大的自主权，如今卡莉要将它们全部收回去，气氛一下子紧张起来。卡莉强硬地宣称："反对改革的人不是团队里的好成员！"

卡莉·费奥瑞纳

西岸的"哈佛"——斯坦福大学

2000年初,卡莉想要推行的彻底重组计划正式出炉,公司不再需要无数个互相毫无联系的部门。这种观点令客户们,特别是一些大客户,如福特汽车公司和波音公司非常高兴。很长一段时间以来,他们一直在抱怨,因为受到来自惠普的几十个独立销售小组的骚扰,每个小组只顾推销自己的产品,却忽视了客户对统一系统的需求。

卡莉的做法在一些高级经理中造成了恐慌。不久,情况出现了,会计部门无法准确地为前端团队和后端团队分配成本。结果,一些销售人员拼命地超出他们的定额,而公司却接到了许多笔无利可图的新订单,卡莉的这种做法被证明是操之过急了。的确,惠普需要向客户展示一张新面孔,但想在几个月的时间内就从上至下改变这么大的一家公司,显然不现实。前端/后端模式坚持了两年后,卡莉做出了妥协,转向一种混合模式,以让经理们获得更多的产品责任。

在重塑惠普公司的过程中,卡莉遇到了最艰苦的挑战。中层经理和普通员工并没有公开攻击她的新观点,他们只是漫不经心或无动于衷。在大型会议上,卡莉干脆利落地宣布了她的计划,似乎赢得了经理们的一致支持。但其后,他们便开始弱化她设定的目标,调整她定下的时间表,举出一些例外情况,等到最后,基本上抽掉了卡莉想实现的主要内容。抵触的情绪很微妙,也很深入人心,没有公开的反对者,这就是体制。卡莉的一位顾问评价说,惠普公司具备一个发展完善的官僚机构的全部特征,它会让一位能力不强的总裁感觉好像是一只走进迷宫的老鼠。

卡莉的对策是进行必要的换血。在普拉特时代,惠普公司的人员流动十分缓慢,卡莉就任后,速度加快了一倍,在公司300名高层经理中,出现了来自摩托罗拉、施乐和网景等公司的新面孔。卡莉做得如此巧妙,以至几乎没有引起媒体的重视。但是随着时间的推移,这些新人成为卡莉的同盟军,他们努力完成她的要求。

走进科学的殿堂

情况变得日益清楚了，尽管惠普公司在所处的几个领域中面临不同的竞争对手，但真正与其全面交锋的只有一家公司——IBM。单是依靠自身的力量，惠普几乎没有希望超过 IBM，在 2000 年年中，后者的市值达到 2000 亿美元，年收入达 880 亿美元，这两项都几乎是惠普的两倍。然而如果能够进行适当的并购，惠普就能缩小差距，还能通过大型并购一扫长时间以来形成的失败情绪。在寻找猎物的过程中，柯达、EDS、普华会计师事务所的咨询部门等都曾落入惠普的瞄准镜，但又都被否决了。

正在这时，灾难发生了，互联网泡沫破灭，使整个高科技产业陷入泥潭。几乎所有企业的股价都一泻千里，惠普的股价由 68 美元滑落到 30 美元。

卡莉·费奥瑞纳

西岸的"哈佛"——斯坦福大学

竞争对手康柏公司的处境更加不妙,由于个人电脑市场的衰退,以及此前进行的几项大规模收购行动留下了严重的后遗症,康柏的股价暴跌了60%以上。康柏的董事们无法忍受了,他们急切地想要和另一家计算机公司建立某种同盟,哪怕是被并购也在所不惜。

经过初步的试探性接触后,2001年7月19日,卡莉正式向董事会提出并购康柏的计划。9名董事中的其他8位有3人对该计划十分感兴趣,4个人持中立甚至是怀疑的态度,还有一位缺席。怀疑的理由主要有两点:其一是计算机行业的利润率越来越低,无论是康柏还是惠普都如此,两家公司合并的前景并不美妙;其二是类似并购的成功先例并不多,康柏公司就是因为不恰当的并购而身陷困境。

此前两个月,麦肯锡公司的三位顾问受卡莉委托一直在对康柏的业务进行详细调查,此时卡莉将他们请进了会议室。麦肯锡的顾问们发现两家公司的优势互补,合并后的产品线将比各自单打独斗要强得多;同时,由于在重要商业领域减少重复投资,至少可以削减25亿美元的成本。

卡莉并不急于让董事们做出结论,而是安排了丰盛的晚餐。她的导师亨利·沙赫特曾给过她一条重要的建议:"注意保持董事会里的融洽关系。任何细节都很重要。如果你要举行一次董事会晚宴,就要考虑该如何安排大家的座位,这样每个人都能找到合适的人交谈。"怀疑的气氛开始淡化。饭后大家回到会议室后,卡莉递给每个人一张纸条,上面列举了三个问题:其一,你是否认为IT产业需要兼并,如果是,你更愿意做兼并者,还是被兼并者?其二,你认为我们在每一项主营业务上都争当行业的前两名,对于实现我们的战略目标有多重要?其三,如果不彻底改变局面,能否实现我们的战略目标?

卡莉留给董事们一个晚上的时间进行思考。第二天一早,其余几位董事也倒向了卡莉一边,与IBM一决雌雄的豪情占了上风。只有一位

走进科学的殿堂

董事，公司创始人比尔·休利特的长子沃尔特·休利特提出反对意见，但没有一个人认真对待他的异议，这使他深感耻辱。

卡莉·费奥瑞纳

2001年9月4日，惠普和康柏大张旗鼓地宣布了合并计划，此举导致投资者疯狂抛售惠普股票。与此同时，卡莉遭受到历来并购案中前所未有的激烈质疑和反对。反对者集结在两大创始人家族的周围，核心人物便是沃尔特·休利特——一位腼腆、低调、生活俭朴、将"惠普之道"奉为圭臬的人。这一阵营还包括许多持有公司股票的惠普在职和退休员工，以及两位创始人生前的好友，还有卡莉的前任卢·普拉特。他们是如此深爱惠普公司，内心里对卡莉这位"外来者"试图摧毁公司传统的行为深恶痛绝。

正反双方倾尽全力，聘用了许多律师、会计师、金融分析师、咨询专家等等，打响了一场代理人战争。卡莉·费奥瑞纳和沃尔特·休利特都马不停蹄地四出旅行，拜会重要的大投资者。所不同的是，卡莉乘坐的是她刚到惠普便斥巨资购买的"湾流"公务机，可以自由而灵活地掌握时间。在停留的每一站，都准备了豪华的酒店套房和轿车，所有事务都由高盛公司的专人操持，这些人深谙如何伺候一位首席执行官，只

西岸的"哈佛"——斯坦福大学

要对方付得起昂贵的价钱。

而对于尽管家族早已拥有近百亿美元的资产，但只习惯乘坐廉价大巴出外旅行、在连锁快捷酒店下榻的沃尔特·休利特来说，在律师的要求下，他有生以来第一次要摆出阔绰的样子，预订五星级宾馆、租豪华轿车，甚至包租了一架小型比奇飞机。在一次飞行中，飞机的燃料发生了泄漏，沃尔特·休利特祈祷着千万不要因此送命。飞机返回机场后，尽管浑身颤抖，他们仍然换乘另一架飞机，并不轻言放弃。

比奇飞机

围绕惠普—康柏兼并案展开的较量显然创造了一项历史纪录，惠普花掉了7500万美元，而沃尔特·休利特一方也花费了3600万美元，两者合计超过一亿美元。在历史上，只有美国总统竞选的花费才有可能与之媲美。最终的投票结果是，卡莉仅以2.8%的微弱优势战胜了沃尔特·休利特。兼并案不仅耗费了大量的金钱，同时也将惠普公司撕裂为两大阵营,其带来的创伤在很长时期内将难以愈合。

在实现了兼并计划后,卡莉·费奥瑞纳成为惠普命运的最主要照管者。经历了3年多的抗争之后,她终于将反对自己的势力全部清除出了公司权力核心,可以按照自己的设想对惠普公司进行彻底的改造。

卡莉非凡的意志和顽强不屈的个性成为支撑她获胜的支柱,在这一点上,她使众多男性望尘莫及。在如此巨大的压力下,如果换成其他大多数首席执行官,他们早就被"击毙"了。

美国有句谚语:"当一个人知道自己想要什么时,整个世界也将为之让路。"

如今,卡莉被誉为"美国最有权势的女性、世界第一女CEO"。她掌管着一家总资产和年营业额都超过750亿美元的企业帝国,统领全球14万名职工,业务遍及全球170多个国家,集智慧、权力、财富于一身,其影响力甚至超过了很多国家元首。《人力资本》月刊曾针对部分应届女大学毕业生所做的调查显示:她们心目中的偶像人物不是娱乐明星,而是卡莉·费奥瑞纳!

卡莉·费奥瑞纳

华人风采

丘成桐：他就是一个数学系

丘成桐1949年4月4日出生在广东汕头，不久后即随父迁居香港。丘成桐的父亲丘镇英是哲学教授，曾在香港香让学院及香港中文大学前身崇基学院任教，家里往来的客人常常谈希腊哲学、谈康德、谈中国文学，幼小的丘成桐懵懂地听着，这些知识都对他起着潜移默化的作用。但他最喜欢的还是数学。

丘成桐的父亲在他14岁时病逝，留下丘成桐的母亲及子女7人。父亲的突然去世，造成丘家生活上的极大困难，为维持一家人的生计，继续供养丘成桐兄弟上学，丘成桐的母亲及姐姐们每日工作十几个小时。即使这样，丘成桐也不得不经常出外打短工，帮人补习功课，来解决部分生活费用及学费。他中学的时候逃学一年，曾经成绩很差，差一点落榜。清苦的生活并没有动

丘成桐

走进科学的殿堂

摇他积极向上、奋发图强的决心，逆境中的他更加奋发，高中时他已开始阅读华罗庚等数学家的书。

丘成桐从小就迷恋数学，由于刻苦学习，他于1966年秋以优异成绩考入香港中文大学数学系。在大学期间，他更加勤奋，在短短三年时间内，修完了全部必修课程，还阅读了大量的课外材料。1969年初，刚刚从美国加州大学伯克利分校取得学位的萨拉夫博士，来到香港中文大学执教，丘成桐的杰出才能及表现给萨拉夫留下了深深的印象。在萨拉夫的推荐下，伯克利分校录取丘成桐为博士研究生，并授予IBM奖学金。于是，丘成桐放弃香港中文大学学士学位，提前退学，于1969年秋到加州大学伯克利分校，他的导师是著名微分几何学家陈省身，20世纪70年代左右的加州大学伯克利分校是世界微分几何的中心，云集了许多优秀的几何学家和年轻学者。

香港中文大学

西岸的"哈佛"——斯坦福大学

在名师的指导下，丘成桐如饥似渴地学习，他攻读了拓扑、几何、微分方程、数论、组合学、概率及动力系统等学科。

在伯克利分校学习期间，丘成桐十分重视偏微分方程在微分几何中的作用。当时莫里教授仍在伯克利执教，他对偏微分方程理论有重大贡献，但他的讲课习惯使许多年轻人难于接受，加上偏微分方程历来是数学中难学的理论，因而导致众多学生中途退课，最后只剩下丘成桐一人，莫里干脆在办公室单独为丘成桐授课。尽管如此，丘成桐仍孜孜不倦地学习偏微分方程理论，这为他以后的杰出工作打下牢固的基础。

加州大学伯克利分校

到伯克利分校一年后，即1970年底，丘成桐完成了他的博士学位论文。在博士论文中，他对沃尔夫猜测方面的问题给出了非常满意的回答。沃尔夫猜测在当时吸引了许多优秀数学家，包括在伯克利任教的沃尔夫本人。丘成桐对这一问题巧妙的解决，使当时的世界数学界意识到一个数学新星的出现。丘成桐的毕业论文发表在1971年的《数学年刊》上。之后，他与劳森合作，又给出这种流形基本群的可解子群的几何性质，他们的文章发表在1972年《微分几何杂志》。他们的工作及著名数学家米尔诺关于曲率与基本群大小的工作是具非正截曲率流形基本群方面的开创性工作。

1971年秋，年仅22岁的丘成桐在加州大学伯克利分校取得博士学位，还获得美国哈佛大学名誉博士学位。同年，应邀前往普林斯顿高等研究院访问一年，在此期间结识了许多年轻的世界一流数学家，包括著名的美国数学家费弗曼，丘成桐在这里受益匪浅。1972年秋，年仅23岁的丘成桐应数学教授西蒙邀请，来到纽约大学石溪分校担任副教授。在石溪分校的一段时间内，他又连续完成了几篇论文。1973年暑假，美国数学会在斯坦福大学举行了微分几何大会，在会上，丘成桐以卓越的能力和杰出的贡献，向数学界显示了自己在微分几何领域的领先作用。

1973年是丘成桐数学事业上十分重要的一年，他在这一年中完成了题为"完备黎曼流形上调和函数"的著名论文，该文奠定了他应用分析方法的基本思想及技巧。从此以后，在他的数学工作中处处可见分析方法的应用，诸如卡拉比猜测的解决、谱值下界的估计、热核估计等。

"21岁毕业时就注定要改变数学的面貌"。这是加州大学洛杉矶分校希望把丘教授聘请过来的时候，系里讨论时一个年纪很大的几何学家引用陈省身先生说的一句话。

1976年，27岁的丘成桐完成了卡拉比猜想的证明。这一成就马上在世界上引起轰动，丘成桐因此一举成名。

从他入学伯克利到在世界数学家大会做一小时报告还不到10年。

西岸的"哈佛"——斯坦福大学

当年他只有28岁，也是在那一年，内地家喻户晓的著名数学家陈景润先生被国际数学家大会邀请只做了45分钟的报告。

丘成桐在20世纪70年代的另一重要成就表现在对闵科夫斯基问题的研究。丘成桐于1976年被提升为斯坦福大学数学教授，并且是1977—1978年度加州大学伯克利分校特邀教授，而且是普林斯顿高级研究所的终身教授。

1978年，29岁的他应邀在芬兰赫尔辛基召开的国际数学家大会上做一小时大会报告，题目为"微分几何中偏微分方程作用"。一小时大会报告是世界数学界对其领导地位的承认，在他之前华人数学家中仅陈省身一人享受过这样的待遇。他的大会报告代表了20世纪80年代前后国际微分几何的研究方向、方法和主流。

丘成桐

20世纪70年代末，丘成桐进入学术的黄金时代，他在数学领域高

走进科学的殿堂

歌猛进,成果叠现:他解决了史密斯猜想、正质量猜想、闵可夫斯基问题、镜猜想以及稳定性与特殊度量间的对应性等世界数学难题。丘成桐还开创了一个崭新的领域:几何分析。以他的研究命名的卡拉比—丘流形在数学与理论物理上发挥了重要作用。

1981年,丘成桐获得世界微分几何界中最高奖之一——美国数学会的维布伦奖。基于上述杰出工作,丘成桐于1983年在华沙举行的世界数学家大会上,被授予菲尔兹奖章。菲尔兹是加拿大数学家,逝世后将其遗产捐献给世界数学协会,设立了菲尔兹奖,用来表彰在数学上有卓越贡献的数学家,且年龄必须在40岁以下。由于著名的诺贝尔奖中没有数学一项,菲尔兹奖成为世界数学界中的最高荣誉。丘成桐是至今得奖者中唯一的中国人。在此以前,他当选为1979年度美国加利福尼亚州最优秀的科学家。

1987年至今,丘成桐任哈佛大学数学教授。丘成桐在种种荣誉面前没有自满,不断取得了新的成就。1989年夏,美国数学会在洛杉矶举行微分几何大会,丘成桐作为世界微分几何的新一代领导人物出任大会主席。

1994年,丘成桐获得瑞典皇家科学院为弥补诺贝尔奖没设数学奖而专门设立的国际大奖"克雷福特奖",这是7年颁发一次的世界级大奖,有人称"比诺贝尔奖还难拿。"也就在1994年,丘成桐当选为首批中国科学院外籍院士。1997年,美国总统亲自颁发给他美国国家科学奖。

40年来,丘成桐对数学永不停歇地追求,让他的名字在几何、拓扑和理论物理学界几乎无处不在。国外一个很有名的数学家劳森说,他和丘教授合作的时候,丘教授还没毕业,但当时他就感觉到这个年轻人的名字将会在几何领域里处处稠密,但他没有想到如今这个名字在理论物理界也是处处稠密。大家应该有稠密这个概念,就是说总是能听到看到这个名字,比如说我们前几天在开超弦大会、卡拉比—丘流形,几乎每一个演讲里都会提到这个名词。

丘成桐事业上的成功,与他锲而不舍的精神是分不开的。著名数学家郑绍远先生是其好友,且共事过一段时间。郑绍远先生回忆说:丘成桐早在20世纪70年代初就已考虑卡拉比猜测。曾有一段时间,他怀疑其真实性,试图寻找反例,自然都失败了。但是他并不气馁,继续钻研这一问题,直到四五年后才解决,实际上,有许多艰深的数学问题,丘成桐已思考近20年,虽然仍未解决,他还是没有轻易放弃思考。

丘成桐

凡与丘成桐共事过的数学家,无不钦佩他对数学问题敏锐的洞察力。他从加州大学伯克利分校毕业不久,就注意到微分几何中研究刘维尔型问题的重要性,这实际上是唯一性问题。偏微分方程的正则性问题可以视为它的形变,丘成桐的工作中渗透了许多这类性质的问题。

走进科学的殿堂

丘成桐对中国数学一直非常关心。1984年起，他招收了十几名中国博士研究生，为中国培养微分几何人才，其中许多人已成为国际上知名的学者，成为中国科研院校的教学和研究的领军人物。

他一贯认为，不仅要教给学生一些特殊的技巧，更重要的是教会他们如何欣赏好的数学问题。他经常运用讨论班的形式，带领学生阅读大量的数学文献，帮助学生从中领会数学的精辟之处。丘成桐的性格是非常直率的，这曾给他与同事之间带来一些误会，有时也引起他的学生们的不理解，然而学生们总在不久后就会发现他的苦心，因而更加体会到导师的关心。

华人风采

丘成桐

正如著名数学家尼伦伯格在1983年世界数学家大会上介绍丘成桐工作时所指出的，他的工作既深刻又广泛，涉及微分几何的各个方面。

西岸的"哈佛"——斯坦福大学

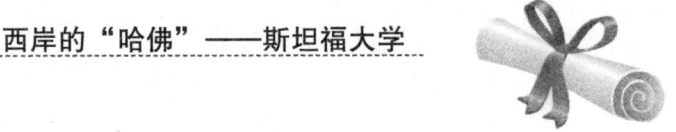

他不仅具备几何学家的直观能力,而且兼有分析学家的才能。

有人说,丘成桐与其他数学家不同,他把数学推向中国,推向整个华人世界,这是他的伟大之处。

丘成桐创造了一个中国人的数学神话,他是一个活着的传奇。他从一个贫穷的孩子成长为一代数学大师,他所付出的辛苦无人能及。他比我们都用功,他也许不比我们更有天才,但是绝对比我们更用功,确实是我们做不到的用功。他做学生的时候,没有音响、没有电视,屋里只有文章,每天就是不停地读文章。

几十年来数学就是丘成桐的生活、娱乐和生命。跟他在一起很累,因为你要不停地跟着他的脑子想数学。与他相处,开始时或许你不会觉得他有任何过人之处,大家看他也许普普通通,甚至连普通话都讲得不是很清楚。但在讨论问题的时候,他直达难题本质的气魄,只能是天生才有,这是天生的大气魄。因为解决问题时,我们有时总想要一点小技巧,可他碰到难题就是硬要把它砸开。有人称他是数学界的"凯撒大帝",这是说他做学问的大气魄。

丘成桐似乎是为数学而生,数学因他变得更精彩。他做人、做事、做学问,都有一种大开大合,征服一切的勇气,在数学内外他都有着无与伦比的影响力和感染力。

丘成桐

国际数学大师、菲尔兹奖获得者唐纳森称他是"近四分之一世纪里最有影响的数学家"。国际数学大师、阿贝尔奖获得者辛格说:"即使在哈佛,丘成桐一个人就是一个数学系!"

华人风采

147

走进科学的殿堂

雅虎中国

　　杨致远，Yahoo! 创始人，传奇式人物，使 YAHOO 从一个大学生的网站资料手册发展成为今天这个神话般的国际大型网络公司，资产高达 390 亿美元。

华人风采

杨致远

　　杨致远 1968 年出生于台湾，两岁时父亲去世，他和弟弟由母亲抚

西岸的"哈佛"——斯坦福大学

养长大。母亲是英文和戏剧教授,她带领两个男孩举家迁往美国加利福尼亚州,为孩子寻求更好的成长环境。10岁时,他们定居在加利福尼亚州圣何塞市。杨致远学习不算勤奋,甚至有点儿懒,但成绩却相当优秀。刚到美国时他曾有过一段学习黑暗期,第一天上课时,唯一知道的英文单词就是"shoes"(鞋)。不过,经过一段时间的磨合,他也融入了这个"异国他乡"。

1990年,杨致远以优异的成绩进了离家不远的斯坦福大学。该校的电机系是硅谷神州的组成部分,他就选修电机工程,只花4年时间就获得了学士、硕士学位。毕业时觉得自己还欠成熟,就留校从事研究工作。正好,戴维·费罗也留校从事研究。两人的邂逅和结交无疑是雅虎成功的关键因素。

杜兰大学

费罗1988年毕业于杜兰大学,而且曾当过辅导杨致远的助教。一向全拿"A"的杨致远在费罗的判官笔下却居然只得了"B",对此杨

华人风采

致远至今还发牢骚。后来两人同班听课，还在作业方面开展合作。以此为起点，两人成了最佳搭档。费罗内秀，喜沉思，而杨致远活跃，是社团中的领袖。费罗善于在屏幕上整理资料，有一种"只要在终端前，就能统治全世界"的感觉。费罗的实验室像个被暴风肆虐的地方。而杨致远的住所比较干净，但在电脑的操作上，却没有费罗有规划。两人的实验室相邻。不久，两人报名去了日本。在那里两人都成了外国人，友谊与日俱增。

回到斯坦福，两人在一辆学校拖车上成立了一间小型办公室。恰在这时他们迷上了互联网。每天，他们有数小时泡在网上，分别将自己喜欢的信息链接在一起，上面有各种东西，如科研项目、网球比赛信息等。雅虎就从这里发展起来。开始时他们各自独立地建立自己的网页，只是偶尔对彼此的内容感兴趣才互相参考，渐渐地他们链接的信息越来越广。他们俩的网页也就放在了一起，统称为"杰里万维网向导"，"杰里"是杨致远的英文名，他们共享这一资源。

搜集的网站越来越多，两人就分类。每个目录又容不下时，再细分成子目录，这种核心方式至今仍是雅虎的传统。不久，他们的网站吸引了许多用户。人们纷纷反馈信息，还附上建设性意见，使内容更加完善。"要不是有这么多外来的回应，我们就不会继续下去，更不会有今天的雅虎。"到1994年冬，两人忙得连吃饭、睡觉都成了奢侈，学业也扔在了一边。他们开始着手网站的商品化。

当时，网上有许多竞争者，如WebCrawler、LvCOS、Worm、Infoseek等，这些网站都靠软件自动搜索起家，虽范围广泛，但不准确。而雅虎则纯粹是手工制品，搜索准确，更加实用。实际上到1994年年底，雅虎已成为搜索引擎的领导者。

1995年的一个夜晚，杨致远和费罗翻着韦氏词典，为他们的"产品"编造名字。其中"Ya"取自杨致远的姓，他们曾设想过Yauld，

西岸的"哈佛"——斯坦福大学

Yammer, Yardage, Yang, Yapok, Yardbird, Yataghan, Yawn, Yaxis 等一系列可能的名字，突然间，他们想到了 Yahoo 这种字母组合，然后迅速翻开手边的韦氏英语词典，发现此词出自斯威夫特的《格利佛游记》，指一种粗俗、低级的人形动物，它具有人的种种恶习。

这个词显然不太雅，但仔细一琢磨，"反其义而用之"。在强调平权的因特网上大家都是乡巴佬。为了增加褒义色彩，后面加上了一个感叹号，于是就有了"Yahoo!"。"没错，太好了，就是它了，这简直是神谕！"

雅虎 logo

杨致远和费罗一方面累得苦不堪言，另一方面为自己突如其来的成功欣喜若狂。他们发现历史赋予的难得机会终于到来了：网景公司的导航器测试版刚刚发行，HotWired 也开通了网络广告站点，通过网络赚钱的时机开始成熟。

第一个找上门的公司是路透社，路透社市场部副主任泰森一次外出，在一家地方报纸上读到有关雅虎的消息，产生了兴趣，他以后在网上经常光顾雅虎网址。泰森迅速认识到"雅虎"消除了距离的远近，架起了用户与其欲寻找的信息之间的联系，路透社可以利用它扩大自己的影响。杨致远对泰森说："如果你们不找我们，我们可能也要找你们。雅虎不仅是一个目录，还是一种媒体资产。"

路透社与雅虎是朋友，但不是伙伴，合作过程中雅虎并未得到多少实惠。聪明的杨致远认识到，必须自己制订一个周密的商业计划，以我

走进科学的殿堂

为主通过广告赢利。杨致远找到自己的老同学布拉狄，他此时正在哈佛商学院读书。杨致远和布拉狄参考 HotWired 公司发布广告赢利的经验，迅速起草了一份商业计划。带着这份计划书，他们到处寻找风险投资者。

他们一边维护日益膨胀的网络资源，一边寻找商机，每天只睡 4 个小时。

109 联合创始人杨致远（左）和大卫·费罗（右）

杨致远回忆说："这项工作很艰苦，但充满了乐趣。有时我有一种从悬崖上跳下的感觉，有时像置身于电影《塞尔玛与路易斯》，不知结局怎样。我们想用网络做一切，也许什么也做不成。但我们不在乎，我们不会失去任何东西。"

西岸的"哈佛"——斯坦福大学

艰难的成功之路

杨致远找到了红杉资本公司,它是硅谷最负盛名的风险投资公司,曾向苹果(曾引导过个人计算机革命)、Atari(视频游戏工业的领袖)、奥拉克(大型数据库供应商)、Cisco 系统(网络硬件商)等公司投资。但红杉公司的莫里兹起初有些犹豫,因为雅虎实在太与众不同了,与"网景"的情况还不一样,雅虎本身只是"在网上提供服务",而且是免费的,其商业潜力在哪里呢?

至今,当莫里兹回忆起 1995 年 1 月走访"办公室"的情景进,还津津乐道:"那里真的可以说是一片狼藉。比萨饼盒扔得满地都是,高

杨致远

尔夫球棒随随便便地搁在角落里,电话机扔在地板上,整个屋子里连张

华人风采

153

椅子都没有，满屋子黑乎乎的。我觉得杨致远和费罗大概连白天黑夜都分不清了。"

不过，莫里兹并没有被吓跑，杨致远和费罗最终使他相信，"这几个小子的确有眼力，抢先占据了网上的有利位置，如果发展顺利，其战略优势十分明显。"

1995年4月红杉投资雅虎近200万美元。它是雅虎的首家风险资本投资者，也是唯一的风险资本投资者。

随后美国在线（America Online，简称 AOL）找上门来，这家世界上最大的商业在线服务公司正好缺少一个搜索引擎，希望雅虎能担此重任。美国在线的用意是收购雅虎，使杨致远和费罗都成为他们的雇员，保证可以让他们成为富翁。但也威胁说，如果不出售雅虎，他们将扶持另一家引擎公司挤跨雅虎。

两个人经过慎重考虑，拒绝了 AOL。他们要自己经营雅虎，这不完全是赚钱的问题，雅虎是一项自己精心哺育的事业，创建和维护雅虎是一种乐趣，他们就是雅虎的主人。此外他们还担心把雅虎出售给 AOL，最终也许会葬送雅虎。

随后杨致远又与 MCI、微软以及 CNet 谈判，但只得到网景公司的资助。网景公司的马克·安德森当时非常喜欢雅虎的网站目录，1995年1月，他把网景浏览器一个最重要的按钮——网上搜索指向了雅虎。当网景浏览器的用户按那个按钮时，他会被自动地带到雅虎的网站。网景浏览器的成功使得雅虎迅速名震互联网。

AOL 最后收购了 WebCrawler（一家很早便从事索引搜索服务的公司），AOL 和 BNN（AOL 收购的一家因特网服务供应商）的浏览器都指向它。但与雅虎相比 WebCrawler 缺乏特色，其影响江河日下。

1995年4月，在红杉的资助下，他们成立了自己的公司，资产约400万美元。同时"水杉资本"还找来了一位合适的总经理人选——蒂姆·库格，也是斯坦福的校友。由库格来负责管理事务，费罗和杨致远就可以专注于研究工作。后来费罗负责技术开发，杨致远负责对外公关。

当然，雅虎最具价值的还是杨致远和费罗。杨致远比较外向，时常沉湎于过去。费罗正好相反，很内向，总是尽量婉拒记者的采访。"他们确实非常无私。"埃伦·斯米弗如是说。"即使最近招募来的员工也觉得无拘无束，敢敲门进去和他们聊天。"同事们认为杨致远是个精力充沛、敏感的预言家；而费罗则是雅虎的灵魂，事无巨细，考虑周全。

1995年秋，雅虎不得不展开第二轮投资战，此前虽有不少广告收入，但转化为现金的数量极有限。这时日本的一家大财团Softbank开始向雅虎投资，这使杨致远的公司走向了新阶段，Softbank总裁孙正义是通过红杉公司认识雅虎的。杨致远得知Softbank要投资非常激动，这正是在日本创建日本本土雅虎的最佳时机。

雅 虎

走进科学的殿堂

　　1995年11月Softbank最终买下雅虎5%的股份（后来又大幅度增加），两家公司迅速成立合资的日本雅虎公司。雅虎第二轮投资的落实使其有能力扩大服务项目，并成功地应付一些不利的现实情况。网景的导航器不久就将"因特网目录"按钮的缺省配置转而指向雅虎的竞争对手Architext，而导航器的第二个按钮"因特网搜索"长期指向InfoSeek。杨致远开始与网景讨价还价，网景提出一项建议：搜索引擎按字母顺序排列。

　　"这是最损的建议了，因为雅虎引擎以字母Y开头！网景的变故使雅虎的信息检索流量减少10%，但雅虎很快渡过了难关。此时Softbank已大举向因特网进军，仅向雅虎就投资6000万美元。

　　1996年3月7日，雅虎股票正式上市，虽然它的两大对手Ly－cos、Excite已抢先上市，但这一天仍被评为"华尔街盛事"。4月12日正式交易，正值周五。股票最初定价13美元，但交易狂热，平均每小时转手6次之多，一度飙升至43美元，最终以33美元收盘。雅虎市场价值达到8.5亿美元，是"水杉资本"投资时的200倍。

　　1996年4月，第一个雅虎国际版——雅虎日本站成立，之后法国、德国、加拿大、英国等雅虎分站相继问世。第一品牌的效应逐渐呈现，但杨致远并不热衷于各种预测。他表示自己绝对会与雅虎一起奋斗至少五年以上。"我很喜欢目前的工作，我甚至不把它当成是一份工作。"

　　1996年第二季度末，每天已经有200万网民造访雅虎，累计每天1400万次，其中有75%是回头客。但杨致远并不满足于仅仅拥有一个可以吸引回头客的品牌，他说，"如果我们是个软件工具公司，就会被微软挤垮，如果我们是一个出版物，就像《时代》周刊一样有一批忠实的读者，那么就会长期发展下去。"

发展无止境

杨致远此时已经意识到，搜索引擎只是新媒体的冰山一角，他认为要让用户光临，必须不顾一切地宣传品牌。对这一宗旨，他几乎达到狂热的地步。一开始就斥资500万美元做电视广告，成为当时公司开出来的最大一张支票。股票报价、地图、聊天室、新闻、天气预报、体育新闻、黄页等，让用户目不暇接。

1996年第一季度，雅虎与竞争对手Infoseek、Excite、Lycos相比，每天的访问量就超过对手的两倍。1997年年底，日均访问量达到9000多万人次，比所有对手访问量的总和还要多。连Infoseek的老板也不得不承认，雅虎已超越其他对手。的确，雅虎已今非昔比：公司有不少令人敬仰的管理人才，有一套完整的营销策略，最重要的是还有1亿美元的现金。一位分析家说："雅虎在很多方面都已经领先同行，把它与其他的搜索引擎相提并论是不恰当的。"

1997年，雅虎收入6700万美元，亏损2300万美元。从账面上看，这完全是一个失败的公司。但是在互联网上，它却是最大的明星。1997年第三季度，雅虎的市场价值首次超过浏览器大王网景，升至28亿美元。

杨致远

雅虎成了华尔街的宠儿，杨致远的财产也水涨船高。当然，最大的快乐不是金钱。"最让人感觉良好的是你每天都在改变着世界。你每天

走进科学的殿堂

早晨起来问：'我起来干什么？'然后你就觉得如果你不去工作，雅虎可能就会出问题。我们当年建立的小小网站现在每天都有千百万人使用，每当看到这情形，我们就会说一声：'哇！'甚至打个寒战。这真是一种非常奇妙的感觉。"

1998年《福布斯》杂志推出高科技百名富翁，杨致远以10亿美元的财富跃居第16位，超过了冠群CEO王嘉廉，成为高科技中的华人首富。

1999年，杨致远和费罗已成为网络媒体公司的舵手，公司市场价值高达390亿美元，而杨致远的纸面财富达到75亿美元。

王嘉廉

华人风采

西岸的"哈佛"——斯坦福大学

物理学家中的"黑马"——朱棣文

朱棣文，美国加利福尼亚州斯坦福大学的美籍华裔物理学家，1997年诺贝尔物理学奖获得者。

1948年2月28日，朱棣文出生于美国密苏里州圣路易斯，是家中

华盛顿大学

的老二。朱棣文祖籍中国江苏省太仓县，他的父亲朱汝瑾在1943年来到美国麻省理工学院化学工程系学习，后来成为台湾中央研究院院士。

华人风采

走进科学的殿堂

两年后,朱棣文的母亲也来到这里,攻读经济学。1945年,朱棣文的父母结婚时,中国正处在内战的前夕,回国参加国家的建设已经是不可能的事情了,于是他们决定留在美国。在朱棣文1948年出生时,朱汝瑾已经在华盛顿大学教书了。不久,朱汝瑾又取得了布鲁克林综合技术学院的教授职位。

在1950年,朱棣文一家人迁到纽约的加登城,在这个25000人的小镇里只有两户中国人。对于朱汝瑾一家人来说,要想在美国生活下去,只有使儿女成为有学问的人。因此教育被放在了至高无上的位置,这是他们生存的理由和目的所在。朱棣文的叔父、姨妈都有科学和工程博士的学位,当朱棣文的两个兄弟和40个堂兄陆续得到了3个医学博士和4个理学博士学位时,朱棣文才获得数学和物理学学士的学位。

在这样一个高文化层次学者家里,朱棣文成了一只"黑羊"(含有败家子,害群之马之意)。其实朱棣文在学校里学习相当努力,只是与他的哥哥相比,就有些显得平庸了,他的哥哥创造了学校最高累积分的记录。朱棣文的特点是爱钻研某些学科,并且特别投入,但不能使各科成绩都处在一个高水平上。在朱棣文母亲来看,把精力花在某些不重要的

朱棣文

华人风采

细节上是不太值得的,这种分配学习时间的方法也不是很有效的。但"从后来发展的情况来看,"朱棣文回忆说,"吃透细节和把注意力'聚焦'到课程要点的能力,使我获益匪浅。"

活跃的思维

在朱棣文家里,教育是重要的,但是他的生活并没有完全只放在学业上。从幼儿园起,他就是一个有着多样兴趣的孩子。朱棣文清楚地记得:"在幼儿园毕业的那一个夏天,一个朋友介绍我参加创建塑料模型飞机和军舰的娱乐活动,从此我便爱上了这一活动。到小学四年级末,我已经达到了'装配工'的水平,并且花费了许多宝贵的时间去构造无明确用途的器具。……我卧室的地毯上,经常有着许多乱七八糟的金属'梁'和小的螺母、螺杆,它们分布在半成品的周围。母亲很体贴人,她允许我连续几天进行我的工程,直到完工为止。在我稍大一些的时候,我的兴趣就演变到了化学游戏上来。我和一个朋友用自制的火箭和火药做实验,相当一部分实验的资金来自父母给我的午餐费。再后来,我们的注意力又转到了测量我们邻居的土壤酸度及其所缺少的营养物质上。"

朱棣文对体育运动也有浓厚的兴趣,经常和周围的孩子们聚到一起,到邻近学校举行各种非正式的比赛。橄榄球和垒球是经常比赛的项目,有时还玩冰上曲棍球。到了八年级,朱棣文对网球开始有了兴趣,就自学网球,并连续三年成为校队的"第二替补"队员。

在中学高年级,朱棣文主要学物理和微积分这两门课。与早些年学过的几何学课一样,不用去记忆一长串的公式,而是依据少数基本概念和一套非常自然的假设进行推理判断。这两门课非常适合朱棣文的逻辑推理的思维方式,而且两位授课老师都极具才华且富于奉献精神。对于

走进科学的殿堂

朱棣文来说,受教于这两位老师是他一生中最幸运的事情。

物理老师托马斯·米纳是一个极富教学天才的人,他讲的课既引人入胜又富有哲理,他对朱棣文日后学术思想的形成起着潜移默化的作用,朱棣文现在还清楚地记得他是怎样引入物理概念的。老师告诉他们要学习如何处理最简单的问题,比如,由于重力作用产生的加速度,物体是怎样下落的。通过综合观察与推测,产生某种思想,将这种思想逐步上升为能被实验检验的假设,这些假设还要继续接受实验的挑战,它们或者被废弃,或者使之更完善,二者必居其一。尽管物理学的目标有限,但用这种方法获得的知识将会成为人类智慧的一部分,并且不因社会风尚的改变而遭摒弃。

在高中的最后一个学期里,朱棣文自己动手做了一个物理摆,并用它"精确地"测量了引力。曾达到"装配工"水平的朱棣文,他的制作手艺直接用到了物理摆的构造过程中。

朱棣文

西岸的"哈佛"——斯坦福大学

挑战失败成黑马

在要升大学的时候，朱棣文向许多学院提出了入学申请，但是由于学习成绩不是很好而遭拒绝，这使得朱棣文的父母感到惭愧。相比之下，他的哥哥进入了普林斯顿大学，两个堂兄在哈佛大学，第三个堂兄在布林马尔大学。最后，朱棣文决定上罗切斯特大学。在准备去罗切斯特大学的时候，他暗自下定决心，一定要做出一番事业，从这个优秀家庭的光圈里走出来。

朱棣文带着与许多新生同样的激情来到罗切斯特大学。头两年的课

伯克利加州大学

程中，物理学占很大的比重，用费因曼物理讲义作教材。这本书强烈地

华人风采

吸引着朱棣文,并鼓励他向物理学进军。费因曼将物理学描述得如此美丽奇妙,书中每一页都显示出他对物理的热爱。几年以后,朱棣文才开始理解,在求得答案上,费因曼是一个多么神奇的魔术师。

大学二年级,教他们数学的教授特别出色,而且非常看重朱棣文的才能。教授经常邀请他参加教师的聚会,共同品尝由麦芽酿制而成的苏格兰威士忌美酒。朱棣文对数学的兴趣越来越大,而此时教物理的老师则显得有些相形见绌了。朱棣文曾经说过:"要不是使用了费因曼的讲义,我几乎肯定要放弃物理课了。"这样一来,数学得到了加强,物理也没有放弃,为他日后的发展奠定了坚实的基础。那时候,朱棣文想成为一名理论物理学家,心目中的英雄是牛顿、麦克斯韦、爱因斯坦以及当代的巨匠如费因曼、格尔曼、杨振宁和李政道等。

1970年朱棣文从纽约州罗切斯特大学毕业,获物理学学士学位和数学学士学位。1976年毕业于美国伯克利加州大学,获物理学博士学位,并留校做了两年博士后研究。

1978年秋天,朱棣文与20多个青年科学家一起被选中,进入了贝尔实验室。在这个实验科学的天堂里,朱棣文感到从未有过的兴奋。他回忆说:"我们感到成了'被选中的人',除了做我们最热爱的研究工作之外,无需做任何事情,献身科学的高兴和兴奋气氛充满了大厅、实验室、办公室。我们互相影响、共同进步。有生气的讨论随处可见,甚至吃午饭时间都在进行,并且延续到网球场和社交集会中。这儿的风气太好了。贝尔实验室的经理给我们提供经费,保护我们不受无关的官僚主义干扰,并且激励我们不要只满足为科学做了有益的事。"

在一年后的成就评论会上,朱棣文受到领导的批评,要求他"不能满足于任何低于'开创一个新领域'的成绩"。受到这样的批评,朱棣文非常高兴,因为这正是他的心愿,他正在寻找这样的新领域。

1983年秋天,朱棣文升任美国电话及电报公司贝尔实验室量子电

西岸的"哈佛"——斯坦福大学

子学研究部主任。这时他无论在实验技术、科学素养还是心理素质方面都具备了"开创一个新领域"的能力,看来是"万事俱备只欠东风"了,他终于把目光转向了利用激光冷却和捕获原子方面的研究。用激光来捕获原子,这样一个很重要的研究项目,因为屡遭失败而陷入了绝境,管理人员在4年前就停止了这个项目的研究。朱棣文经过认真的研究,认识到用激光捕捉原子的方法第一步就是要极度冷却原子,这个想法是通向"一个新领域"的必经之路。朱棣文立即放下手中大部分其他实验,全力投入激光冷却原子的实验当中。

处在同一温度下的不同物质,它们分子的平均动能也是相同的。由此可见,用来表示物体冷热程度的温度,实质上就是分子平均动能大小的一种量度。只要减小物体分子平均动能,即减小物体分子无规则运动的速度,就能降低物体的温度。激光束在一定条件下能够阻碍分子或原子的运动,并使其减速,从而也就降低了物体的温度。

1985年,朱棣文利用互相垂直的三对激光束,在其交会区域内使原子受到六束驻波场的作用而形成对原子运动的粘滞性约束。这种光速安排被称为"光学粘胶"。利用"光学粘胶"有效地将微量气体束

朱棣文

华人风采

缚在一定的空间，大大地降低了气体原子的运动速度，为进一步冷却原子使之更接近绝对零度奠定了坚实的基础。朱棣文敢于做别人曾经做过而且是多次失败的实验，并取得了成功。

1987年朱棣文应聘为斯坦福大学物理学教授，1990年起担任系主任至今，1993年以数理组第二名获选为美国科学院院士。1994年，他当选台湾"中央研究院院士"，是"中央研究院"原子与分子研究所咨议委员。

1997年10月15日，经瑞典皇家科学院宣布，朱棣文教授获得诺贝尔物理学奖。获奖的第二天，他在记者招待会上表示："按照科学学术语的说法，我身上100%是中国人的基因。"看来这个早已很"美国化"的科学家对他的祖国具有很深的情义。

激光冷却和陷俘原子

激光冷却和陷俘原子的研究，是当代物理学的热门课题，十几年来成果不断涌现，前景激动人心，形成了分子和原子物理学的一个重要突破口。

操纵和控制单个原子一直是物理学家追求的目标。固体和液体中的原子处于密集状态之中，分子和原子相互间靠得很近，联系难以隔绝，气体分子或原子则不断地在作无规则运动，即使在室温下，空气中的原子分子的速率也达到几百 m/s。在这种快速运动的状态下，即使有仪器能直接进行观察，它们也会很快地就从视场中消失，因此难以对它们进行研究。降低其温度，可以使它们的速度减小，但是问题在于，气体一经冷却，它就会先凝娶为液体，再冻结成固体。如果是在真空中冷冻，其密度就可以保持足够低，避免凝聚和冻结。但即使低到 $-270°C$，还会有速率达到几十米每秒的分子原子，因为分子原子的速率是按一定的

西岸的"哈佛"——斯坦福大学

规律分布的。接近绝对零度（—270℃）时，速率才会大大降低。当温度低到10^{-6}K，即1微开（μK）时，自由氢原子预计将以低于25cm/s的速率运动，可是怎样才能达到这样低的温度呢？

朱棣文、科恩·塔诺季、菲利普斯以及其他许多物理学家开发了用激光把气体冷却到微开温度范围的各种方法，并且把冷却了的原子悬俘或拘捕在不同类型的"原子陷阱"中。在这里面，个别原子可以极高的精度得到研究，从而确定它们的内部结构。当在同一体积中陷俘越来越多的原子时，就组成了稀薄气体，可以详细研究其特性。这几位诺贝尔奖获得者所创造的这些新研究方法，为扩大我们对辐射和物质之间相互作用的知识作出了重要贡献。特别是他们打开了通向更深地了解气体在低温下的量子物理行为的道路。这些方法有可能用于设计新型的原子

激　光

走进科学的殿堂

钟，其精确度比现在最精确的原子钟（精确度达到了百万亿分之一）还要高百倍，可以应用于太空航行和精确定位。人们还开始了原子干涉仪和原子激光的研究。原子干涉仪可以用于极其精确地测量引力，而原子激光将来可能用于生产非常小的电子器件。用聚焦激光束使原子束弯折和聚焦，导致了"光学镊子"的发展，光子镊子可用于操纵活细胞和其他微小物体。1988—1995年在稀薄原子气体中先后观察到了一维、二维甚至三维的玻色-爱因斯坦凝聚，这一切都是从人们能够用激光控制原子开始的。

华人风采

西岸的"哈佛"——斯坦福大学

著名新闻人——吴惠连

吴惠连，1936年10月4日出生在上海，著名新闻人、斯坦福大学教授。

吴惠连是有40多年记者生涯的美国著名记者，担任过美国斯坦福

堪萨斯大学

大学传播学院新闻学教授、加州大学伯克利分校新闻伦理学教授、香港

大学新闻学顾问教授、美国报纸总编辑学会主席、美国新闻研究所所长、美国白宫总统委员会成员、美国电视新闻最高奖——PeabodyAward评委。他是堪萨斯大学英语文学专业文科毕业，哈佛大学尼曼新闻中心学者。他曾经担任《堪萨斯都市报》记者、《圣路易斯邮报》记者、主编、特稿记者、驻外记者、社论撰写人、总编辑。他获得过密苏里大学杰出贡献奖。

吴惠连的父亲吴嘉棠，20世纪30年代在密苏里新闻学院取得新闻master学位，他母亲是他父亲在密苏里大学的同学，他们在密苏里大学相遇并相爱。婚后两人回到上海，吴嘉棠到上海圣约翰公学担任新闻系主任，并同时担任了《申报》的采访部主任以及《大美晚报》主编，在1940年代的上海名噪一时。在抗战期间，他父亲还因反对汪伪政权而被列入黑名单，遭到通缉，一家人逃难寄居于上海国际饭店。

二战之后他的父母离异，吴惠连随他母亲搬到堪萨斯城。吴惠连在堪萨斯州读了高中，1956年他还在读大学时，就在《堪萨斯城星报》做小工，1957年他开始做该报记者。

1962年，吴惠连进入普利策家族报业《圣路易斯信使报》，才气与勤奋受到重视，并历任该报记者、驻外记者、华盛顿的派员、专栏作家、社论版主编和总编。尤为突出的是，他全心全意追随普利策制定的办报原则，以高度的理想主义，为弱势群体说话，推动社会改革，受到时任总编辑兼发行人普利策三世的赏识，着力栽培。1970年，吴惠连成为社论版主编，通过"普利策平台"，更加充分地发挥这些价值观。1976年，他陪同普利策来中国访问，两人过从更密。当时报社已有人预言：普利策三世将会打破家族传统，不把报纸传给自己亲生的儿子，而传给他的"中国干儿子"。至1986年，吴惠连果然被任命成为第一位"非普氏总编辑"，普三世自己则保留董事长、发行人的职位。

在该报34年中，吴惠连曾经三度被提名普利策奖：1971年的全国

西岸的"哈佛"——斯坦福大学

性报道奖、1977年的外国报道奖和1991年的评论奖。

1996年,吴惠连辞去《信使报》的职务,到斯坦福大学教学。吴惠连曾是哈佛大学尼曼奖学人,美国广播电视大奖皮博迪奖的全国顾问委员会成员,也是普利策奖多届的评委。他曾任美国报业编辑协会以及美国报业研究所的委员。白宫学人委员。他还在1990年获得了美国亚裔记者协会颁发的终身成就奖,并在1991年获得了密苏里新闻学院的金牌荣誉奖。

普利策奖

吴惠连先生曾经在中国各地讲学,从1999年起每年都到内地和香港做关于新闻学的讲座,和中国的新闻院校师生、新闻工作者交流。他还是汕头大学和香港大学的新闻学访问教授。

美国斯坦福大学新闻学教授吴惠连先生,因癌症于2006年4月12日在斯坦福帕罗阿托家中去世。享年69岁。他在去世的数星期前,还在坚持教学,他也是斯坦福大学传播学院新闻研究生部的代总监。

汕头大学长江新闻与传播学院院长陈婉莹说,"吴先生是学者型的资深新闻人,一向关心中国新闻业与新闻教育的发展,他在中国有很多

走进科学的殿堂

朋友，学生。他的去世，也是中国新闻界的损失。"

约瑟夫·普利策的遗孀埃米莉·普利策说，吴先生是"一位伟人和一名伟大的记者。他和我丈夫关系密切，多年在一起讨论报纸的方向，共同决定《信使报》的前途和命运。"

《信使报》的发行人特伦斯·埃格尔说，吴惠连是一个"真正的绅士"，"他发自内心地热爱《信使报》，是一位专注负责的编辑、文笔优美的作家，他经常与我们分享他对社会、生活尤其是家庭的思考，对《信使报》和我们行业来说，这真是悲伤的一天。"

约瑟夫·普利策

华人风采